命运与共

中国企业国际形象建设案例集（2020）

国务院国资委新闻中心
中国外文局·中国报道杂志社　编
中国外文局文化传播中心

新世界出版社
NEW WORLD PRESS

谨以此书献给

在极不平凡的 2020 年，

坚守岗位、无惧风雨的平凡英雄。

推荐序

展示新形象 履行新使命

——积极探索新形势下中国企业国际形象建设新路径

在中国共产党百年华诞的喜庆氛围里，我们迎来了《命运与共：中国企业国际形象建设案例集（2020）》一书新鲜出版。我谨代表中国外文局对此表示热烈地祝贺，对为此书顺利出版付出辛勤劳动的全体工作人员表示衷心地感谢。

书中精选的32个案例集中展示了中国企业在过去一年里在国际形象建设方面所作的多种形式探索。这些案例聚焦海外抗疫、海外社会责任、跨文化融合和海外传播创新四个方面，有代表性、典型性，有亮点，有特色，有思考，有拓展，可以为中国企业国际形象建设提供一些有益的启迪。

一

古人云：言之无文，行而不远。文质彬彬，然后君子。写文章如此，做企业大体亦如是。形象是标志，更是生命力的展现。企业形象是企业的无形资产，也是企业发展的重要外部条件之一，影响着企业的兴衰成败。良好的企业形象对于一个企业来说，不仅是市场与效益，更是饭碗与生命。

在世界经济全球化、国际政治多极化、人类文化多样化的时代背景下，良好的企业形象不仅对企业发展至关重要，而且也已经成为国家形象的重要组成部分。

企业形象是中国国家形象的重要组成。中国企业正是在自身形象建设的不断探索中拉近与世界的距离，让国际社会更加了解中国企业、了解中国。企业形象就是企业国际传播的重要组成部分，企业外宣最基本的就是要做好企业形象的国际传播。

二

2020年初起，人类社会突遭新冠肺炎疫情袭击。国际政治、经济、文化、社会等发展深受其害。世界不得不放慢了节奏。百年不遇的大疫情深刻改变着世界，改变着人类的生活方式与行为方式。

面对疫情，中国人民在中国共产党的坚强领导下，万众一心、众志成城，共同谱写了团结抗疫的雄浑史诗。同时，中国积极履行国际责任与道义，积极支援全球抗疫，用实际行动彰显了东方文明古国和社会主义大国的崇高情怀。

在2020年这艰难的一年里，面对疫情肆虐，中国企业尽己所能助力全球战疫，传递合作精神，在助力稳定全球产业链和疫情防控方面发挥了重要作用。与此同时，中国企业在国际经营发展过程中，以人类命运共同体理念为引领，积极践行共建"一带一路"倡议，深入贯彻新发展理念、构建新发展格局、推动高质量发展，助力当地经济社会发展和民生改善，有力推动文化融合和文明交流互鉴，获得了国际社会各界人士的称赞。

当前，百年不遇的大疫情与百年未有之大变局相互交织，既充满挑战，又充满希望。习近平总书记在论述统筹新冠肺炎疫情防控与经济社会协调发展时，反复强调要推动形成以国内大循环为主体、国内国际双循环相互促进的新发展格局。党的十九届五中全会指出，要实行高水平对外开放，开拓合作共赢新局面。中国企业作为中国经济发展的重要力量，在推动构建开放型世界经济过程中，不仅要做好自身发展，而且要更加重视向世界展示良好企业形象。

三

习近平总书记在中共中央政治局第三十次集体学习时强调，讲好中国故事，传播好中国声音，展示真实、立体、全面的中国，是加强我国国际传播能力建设的重要任务。

在当今国际格局深刻变化和国内发展迎来重要战略机遇期的双重背景下，中国企业的形象建设面临着新的考验。在新形势新格局下，要更好地建设和传播企业国际形象，可以在以下几方面做出思考：

一是要准确把握和主动应对后疫情时代中国企业国际形象建设的新特点、新挑战。中国企业在主动参与国际竞争合作，引导全球化向着更加综合多样、结构合理、有序发展的过程中，要有效地把自身国际形象融入到新的全球化大背景中，融入到全球产业发展链中。特别要主动研判后疫情时代中国企业国际形象建设的特点、重点和难点，有针对性地做好预判、准备工作。要结合重大活动、重要节点，创新举办多种形式的国际传播交流活动，增强国际民众对中国企业的积极认知。

二是中国企业需进一步加强跨文化传播，增进文化认同，促进民心相通。在当前国际舆论形势复杂严峻的背景下，加强文化传播对中国企业国际形象建设具有重要意义。企业国际形象建设与国家形象塑造有机结合起来，要以积极开放的姿态主动塑造企业形象。中国企业要重视与所在国的文化差异，建立完善的企业文化融合机制，培育独具特色的企业文化。同时，要重视人脉关系的建设，广结人缘，不断扩大国际朋友圈，推动中国企业对外话语体系建设。

三是中国企业应加大履行社会责任的力度，创新手段和方式，为推进对象国可持续发展贡献力量。当下，履行社会责任已经成为国际社会衡量企业形象的重要标准，也是企业参与国际竞争的客观需要。目前，中国企业正在比以往任何时候都更加主动地、更深层次地融入东道国的经济社会，影响全球产业的发展。未来，中国企业要进一步增强可持续发展意识，将社会责任、社会与环境管理纳入企业发展战略。要提升企业履责高度，从顶层设计开始谋划企业履责的具体内容。同时要团结各方力量，携手智库、媒体、公益组织等共同推进，形成合力实现企业履责效应最大化。

四是要综合运用多种传播平台，加强协作传播，提升中国企业的认可度和美誉度。新媒体平台作为国际受众获取中国企业信息的最主要渠道，在企业国际形象建设中发挥着越来越重要的作用。中国企业要进一步用好官方网站、社交媒体账号等多种平台，加强与媒体特别是当地媒体合作，围绕重大主题、重点项目，阶段性策划推出有特色、有影响、有感染力的新闻产品。同时要建立健全国际公关网络，加强与媒体、智库等机构联系，增强协同效应，进一步重视借力传播。

道阻且长，行则将至，行而不辍，未来可期。

本书的诸多案例展现了中国企业在国际形象建设方面的不懈努力。希望读者从本书中获得启迪，也祝愿中国企业在国际形象建设的道路上越走越宽，成果更加丰硕！

中国外文局副局长

权威推荐

于运全

当代中国与世界研究院院长，《对外传播》主编

百年未有之大变局叠加百年未有之大流疫，让世界更加充满不确定性，也使得构建人类命运共同体更加迫切。天下一家、命运与共，中国企业以实际行动诠释了中国智慧、中国主张和中国方案。32个生动鲜活的典型案例从多角度、多层次展示了中国企业国际形象建设的最新成果，为塑造新时代可信、可爱、可敬的中国形象做出了有益探索，是新形势下提升中国企业国际传播能力培训的精品教材。

田菊芳

中国交通建设集团有限公司企业文化部部长

中国企业在不断走向世界的进程中，不仅带动了资金、技术、产品和服务走出去，也逐步发展成为展现中国共产党百年丰功伟绩、当代中国开放自信、中国人民奋发进取风貌的重要窗口，成为促进文明交流互鉴、增进民心相通、助力当地经济社会发展的重要载体，成为践行人类命运共同体理念、展现国家形象的重要标识。本书用32个具有典型性、示范性的中国企业海外形象建设故事，展现中国企业在构建人类命运共同体理念上做出的重要贡献，努力建设世界一流企业海外形象的孜孜努力。这是时代急需的中国好故事，也是“可信、可爱、可敬的中国形象”的生动缩影！

陈 遥

中国平安集团品牌宣传部总经理

这本书通过讲述中国企业“走出去”的真实案例，生动展示了中国企业的国际化视野和责任担当。这些案例表明，企业在促进中外民心相通、在建设人类命运共同体的公共事务中可发挥独特作用，在塑造可信、可爱、可敬的中国形象的过程中能大有作为。

讲好中国故事，传播好中国声音，除了在话语理论创新、技术赋能国际传播等方面下功夫，贴近国外民众需求、为当地群众办实事，让他们有获得感、幸福感尤其重要。治病救人、扶贫济困等得民心、顺民意的公益慈善活动，修路架桥、投资合作等促进当地经济社会发展的项目，一定能从内心深处感动人。这些行动能给国外民众带来实实在在的好处，是他们看得见、摸得着的。这些行动不是简单的传播，但他们带来的口碑会胜过传播。这些行动会让国外民众坚信，中国的发展是世界的机会。

凌 朔

新华社国际部地区报道中心高级记者

2020 年的世界，不同寻常。疫乱交织，危机四伏，却又大道不孤，正道分明。

停工、停航、封城、禁足……疫情给世界按下暂停键，却丝毫不能阻挡中国海外建设者的初心、信心与决心。在他乡，在别国，他们点亮村落里的一盏盏灯泡，拧紧铁路上的一枚枚道钉，他们用基建燃起贫民窟里的希望，用音符接力共克时艰的力量。他们戴着口罩，演绎着疏而不离的患难之情；他们予人玫瑰，书写合作共进的时代旋律。

把这些故事集结成册，不仅在于铭记，更在于唤醒全球媒体叙事中的正能量，说理念，讲实践，谈发展，话命运。见微知著之间，给人以鼓浪勇进的正气。

前言

2020年是极不平凡的一年，突如其来的新冠肺炎疫情肆虐全球，给世界人民的生命和健康安全带来严重威胁。

“疫情没有国界，世界各国是休戚与共的命运共同体”“唯有团结协作、携手应对，国际社会才能战胜疫情，维护人类共同家园”……习近平主席的一系列倡议，为世界战胜疫情发出同舟共济、患难与共的强大声音。面对百年来全球发生的最严重的传染病大流行，中国秉持人类命运共同体理念，积极推动抗疫国际合作，以实际行动深刻诠释了人类命运共同体理念，体现了大国责任与担当。

面对疫情，“走出去”的中国企业与所在国同舟共济、守望相助，向东道国分享疫情防控经验、捐赠抗疫物资、援建境外版火神山医院……为全球疫情防控贡献了中国智慧、中国力量。受疫情冲击，国际贸易断崖式下跌，全球供应链、产业链、价值链告急，但“一带一路”建设脚步未停。中巴经济走廊、中老铁路、雅万高铁等项目稳中有进；中欧班列开行1.24万列，同比增长50%，成为助力各国抗疫的“钢铁驼队”。

从积极推动抗疫国际合作到提出促进世界经济复苏一揽子中国方案，从坚定维护多边主义到合力应对气候变化，从高质量共建“一带一路”到引领全球减贫合作，中国始终以实际行动推动构建人类命运共同体。在第75届联合国大会上，习近平主席向国际社会做出“碳达峰”“碳中和”的郑重承诺；2021年全国两会，中国首次将“碳达峰”“碳中和”写入《政府工作报告》；在以视频方式出席领导人气候峰会时，习近平主席呼吁“国际社会要以前所未有的雄心和行动，勇于担当，勠力同心，共同构建人与自然生命共同体”……

随着“一带一路”倡议的实施推进，中国对外开放的步伐持续加快，越来越多的中国企业扬帆出海，在国际舞台上扮演着越来越重要的角色。在海外经营发展过程中，“走出去”的中国企业以人类命运共同体理念为引领，积极践行共建“一带一路”倡议，助力当地经济社会发展和民生改善，有力推动文化融合和文明交流互鉴，产生了大量好故事。在巴西，国家电网资助的社区音乐学校改变了 6000 多名贫民社区青少年的命运；在柬埔寨，中国平安为上万名小学生进行先天性心脏病和心血管疾病筛查；在缅甸，云天化集团通过先进种植技术帮助农民增产增收；在土耳其，中国能建集团为海龟繁衍留出生命通道……这些实实在在的举动造福着“一带一路”沿线人民，更树立了中国企业良好的国际形象。

“走出去”的中国企业是“一带一路”建设的一线实践者，是世界了解中国的重要窗口。但是，中国企业海外形象与中国日益走近世界舞台中央的大国地位还不匹配，中国企业的海外美誉度与其在海外创造的效益、为当地做出的贡献还存在差距。树立良好的企业海外形象，既是中国企业走向世界的需要，也是充分展示新时代中国形象的需要。

习近平主席提出，“要推进国际传播能力建设，讲好中国故事、传播好中国声音，向世界展现真实、立体、全面的中国，提高国家文化软实力和中华文化影响力。”自 2013 年以来，在中宣部、国务院国资委、全国工商联指导下，中国外文局中国报道杂志社已连续 8 年致力于中国企业海外形象建设的国际传播，连续 3 年开展“中国企业海外形象建设优秀案例征集”活动，出版《出海者》和《共生・共赢》案例集。与以往相比，2020 年开展的案例征集活动在原有海外社会责任、跨文化融合和海外传播创新三类案例的基础上，专门设立了海外抗疫类。活动历时 3 个月，得到企业的广泛响应，参评案例在数量、故事性、可读性及借鉴意义方面都有很大提升。

在组织案例征集活动的基础上，中国报道杂志社与国务院国资委新闻中心从众多案例中精选出 32 个具有典型性、代表性及示范性的生动鲜活的案例，汇编成本书，成为中国企业“走出去”故事库丛书的第三辑。

“大道不孤，天下一家。”我们坚信，“走出去”的中国企业与各东道国同舟共济、携手并进，必将书写构建人类命运共同体的崭新篇章，迎来人类发展进步更加美好的明天。

目 录

海外抗疫

海外社会责任

跨文化融合类

海外传播创新

2020

中国企业国际形象建设案例集

海外抗疫

HAIWAIKANGYI

中国东方航空集团有限公司

两翼齐飞 同心抗疫

> 东航已先后承运近2.3万名医护人员和7万余吨防疫物资，约占中国民航全行业总量的三分之一，执行1090班抗疫人员和物资包机，执行涉及防疫的各类正班运输航班2.4万余架次。

在新冠肺炎疫情全球蔓延期间，中国东方航空集团有限公司（下称东航）一直保持与国际合作抗疫大趋势相向而行。凭借多年在海外救灾抢险运输的经验，东航在20多个国家的近百个机场之间保持重点航班不断、物资运输不断、国际产业链和供应链不断。东航已先后承运近2.3万名医护人员和7万余吨防疫物资，约占中国民航全行业总量的三分之一，执行1090班抗疫人员和物资包机，执行涉及防疫的各类正班运输航班2.4万余架次，包机接运滞留海外中方人员超过1.25万人，承运的5000万旅客和服务这些旅客的广大员工未发生一例因乘坐航班而感染的情况。东航力争成为全球抗击疫情“先行官”、复工复产“大动脉”、供应链产业链“稳定器”，以实际行动支持国际合作抗疫。

2020年国际航空客运受疫情影响较大，众多海外航空企业均暂停或大幅缩减航班运行，频频爆出破产、裁员等新闻。东航逆风起飞，从航空物资运输主业出发，践行全球合作抗疫理念，准确把握国际舆论方向，以对华友好国家和地区为重点，适时调整传播策略和重点内容，在疫情高峰期丰富内容投放渠道，加大海外宣传力度，为改变海外对中国企业的传统认知，扭转对中国不利的海外舆论贡献力量，有力彰显了新时代的中国力量、中国精神、中国效率。

回应关切，记录20国抗疫足迹

“China Eastern flight 7041, thank you so much for your support, it's appreciated by my country.”（中国东方航空7041航班，非常感谢你们的支持，这是来自我的国家的感激。）2020年3月，意大利米兰机场塔台

东航机队。

与东航支援意大利抗疫航班机组之间的这段对话，曾经刷屏网络，感动众人。

3 月 12 日，一架 A350–900 客机从中国上海浦东机场起飞，这是东航迄今为止承运人数最少的一个国际航班，整架飞机仅搭载 9 人，都是中国向意大利派遣的抗疫专家，随行携带了 31 吨医疗物资（包含 ICU 病房设备、医疗防护用品、抗病毒药剂等）紧急飞往意大利。飞机抵达之后，受到了意大利政府部门的热情接待，他们对于中国在抗击本国疫情的同时，还能向意大利伸出援助之手，表示了诚挚的感谢和由衷的敬意。除了官方感谢，意大利的民众也纷纷表达了自己的感激之情，在意大利街头，市民奏响了《义勇军进行曲》。在中国驻意大利大使馆的官方 Face book（脸书）上，意大利民众自发在主页留言，不约而同打出“Grazie”（意为感谢）。东航后续还参与了另外两批援意医疗专家组和 17 班次医疗物资包机航班运输。2020 年 5 月，意大利当地民调显示，52% 的意大利人将中国视为友好国家，排名第一。

东航以 5 种语言在自己的海外社交平台和官网发布短片《东航运输超 200 个医疗物资航班支援欧洲抗疫》，落地 260 家当地主流媒体。东航

3 月 12 日，一架 A350–900 客机从中国上海浦东机场起飞，这是东航迄今为止承运人数最少的一个国际航班，整架飞机仅搭载 9 人，都是中国向意大利派遣的抗疫专家，随行携带了 31 吨医疗物资紧急飞往意大利。

第一批赴意抗疫医疗专家组落地罗马，受到当地政府热情接待。

参与了向意大利、英国、俄罗斯、瑞士、巴基斯坦、缅甸、斯里兰卡等全球20多国进行医疗物资运输的实际抗疫行动，当运送物资和医疗专家的航班抵达各国后，东航都会在相关平台上第一时间跟进报道。系列报道内容同时被国资委海外账号转发，留言区被海外网友用“感谢中国”“感谢东航”等内容刷屏，还获得中国驻法国大使馆、中国驻斯里兰卡大使馆和意红十字会等官方或组织转发点赞。系列报道内容在海外平台发酵后传导至国内，《人民日报》、CGTN、新华社等国内各大主流媒体纷纷对东航进行报道。东航的国际抗疫行动被CNN、BBC、意大利安莎社等上百家海外主流媒体报道，传播量超2.2亿人次。

东航的国际抗疫行动被CNN、BBC、意大利安莎社等上百家海外主流媒体报道，传播量超2.2亿人次。

巧设议题，把握受众心理节奏

在新冠肺炎疫情暴发初期，部分国家政府的宣传力度和舆论引导较薄弱，未能提高大众对疫情的认知与防范意识；同时海外民众因地域和文化差异，对疫情没有给予足够的重视。各国在主流媒体层面，对新冠肺炎疫情的报道出现分化，在社交媒体上，有关新冠肺炎疫情的争论和虚假内容也层出不穷，无形中阻碍了海外受众对新冠肺炎疫情的了解。于是，东航紧跟受众心理变化节奏，发布海外网友想看的、关心的、实时的内容。在世界各国的疫情防控措施逐步升级之际，需要大量的物资和高效的物流作支撑，中国作为最主要的物资输出国，高效和充足的空中运力成为防疫物资出口的关键。据相关统计显示，2019年中国航空进出口有60%的货量来自客机腹舱，但因为客机腹舱本身空间有限，防疫

2020 年 3 月 18 日，东航浦东机场地服人员为第二批出征意大利的抗疫医疗专家办理行李托运手续。

物资又往往是密度低、体积大的“泡货”，针对这一情况，东航在全国首创“客改货”运行，改造客机、拆除座椅，增加运输空间。通过拆除部分客舱座椅，一架 A330 宽体客机的货物运输空间，能从此前仅有腹舱运输的 80 ~ 90 立方米，增加到“腹舱 + 客舱”空间的 180 立方米，运力直接翻了一番。东航拥有国内各航司中规模最大的 14 架“客改货机队”，整合了旗下物流业务中的空地运输、机场货站、报关、送检、装卸等全环节资源，打造了物流供应链全流程、一站式服务，迅速扩宽了全球战疫的空中高速路。

与此同时，东航策划了“东航 TRANS 行动”海外传播系列内容，以“TRANSFORM FOR TRANSPORT”（改装运输计划）为主题，创作了节奏轻松的动画视频，在各重点社交平台进行矩阵化传播，总体播放量达 280 万。随着全球新冠肺炎疫情蔓延升级，部分国家和地区开始“封城”，东航适时推出日常疫情防护贴士、宅家生活攻略等系列策划，特别从东航海外员工视角出发，讲述当地的抗疫故事和居家生活，凸显东航贴心和实用的人文形象。在疫情逐渐控制、形势好转后，东航紧跟受众心理转变，从航空乘机角度，策划乘机防疫知识、日常防护科普系列内容，以动画和海报的形式介绍东航的线上健康申报表、机上 HAPA（高效空气过滤器）、客舱深度清洁、员工防疫举措等内容。此外，东航还与国际航空业的天合联盟、星空联盟合作，与全球 60 余家国际航空公司共同提出“安心出行”倡议，以卡通动画等形式传播防疫知识，建立抗疫信心，向数亿旅客传递行业正能量。

东航与全球 60 余家国际航空公司共同提出“安心出行”倡议，以卡通动画等形式传播防疫知识，建立抗疫信心，向数亿旅客传递行业正能量。

东航在进行内容策划的同时也与中国驻外使馆、当地主流媒体及政府官员等进行高频次互动，部分传播内容获得多国现任和前任官员的点赞与感谢，包括意大利前总理、现外长、前欧盟驻中国大使等。

联合发声，提高国际合作声量

东航推动 19 家天合联盟航企合力参与全球抗疫，展现国际航空业紧密合作、共克难关的积极态度。在海外新冠肺炎疫情发生初期，东航向联盟伙伴荷兰航空捐赠医疗物资，极大疏解了当地医院的燃眉之急。荷航在多个报道中感谢东航“向荷航及荷兰伸出援助之手”，法航发布“在中法之间架起了空中桥梁”主题内容。作为天合联盟在京唯一主基地航空公司，东航在疫情期间圆满完成两次大兴机场转场工作，以 38% 的占比成为运力第一航司，得到海内外关注。

新冠肺炎疫情期间东航的积极行动，吸引了更高的海外关注度，也撬动了更多高端媒体资源，拓展了政企朋友圈。东航在进行内容策划的同时也与中国驻外使馆、当地主流媒体及政府官员等进行高频次互动，在提升话题热度的同时，大幅提升了品牌影响力，更为中国赢得来自海外的掌声。部分传播内容获得多国现任和前任官员的点赞与感谢，包括意大利前总理、现外长、前欧盟驻中国大使等。其中，东航向捷克运送物资内容经社交媒体发布后，捷克总理顾问转发媒体报道并发布内容赞赏东航。东航运送物资抵达斯里兰卡的消息经 Twitter（推特）发布后，中国驻斯里兰卡大使馆官方账号在一天内多次点赞东航账号，斯里兰卡总统和总理也在个人社交账号中与东航互动并表达谢意。

以人为本，讲述抗疫生活故事

在全球大部分国家提出“居家防疫”倡议时期，东航以“祈平安”为主题开展端午传统节日传播，切中疫情期间受众的真切诉求，获得互动量 5.8 万，其中“跟着东方天厨学做水晶粽”视频获得 225 万浏览量。在海外部分国家逐步解封时期，东航以“爱能穿越时空”为主题，讲述七夕传统故事，设计了牛郎乘坐东航航班赴织女之约的小游戏，以拼图和迷宫的形式鼓励海外网友参与故事互动，完成游戏的网友可从私信获得充满中国神话色彩的“牛郎织女月下相会”高清海报，系列主题内容传播量超过 840 万。

东航社交平台还策划发布了东航服务“黑科技”、东航主题飞机大赏、航空冷知识、线上旅游等符合航企形象的多元化内容，实时展现真实的中国社会风貌和经济秩序。春暖花开之际，海外网友因疫情出行受阻，东航各社交平台发布“中华云观光”系列内容，以中国三亚、哈尔滨、西安、洛阳等城市的明媚春光激励大众抗疫信心，浏览量达1200万。

东航在全球拥有109个海外机构及不同国籍、肤色和语言的员工。新冠肺炎疫情期间，1400多名外籍员工和1166名常驻海外员工坚守自己的岗位，在做好自身防护的同时，保障航班运行不断、物资运输不断。在“全球东航员工故事”系列策划中，全球员工“同唱一首歌”，来自菲律宾、意大利、韩国、日本、新加坡等国家的员工，通过网络用吉他、钢琴、手鼓等乐器伴奏并合唱了歌曲*Hey Jude*，用歌词“嘿朱迪！别害怕，你天生就要勇于克服恐惧，当你将它深埋于心底那一刻，世界就开始好转”鼓励海外坚守员工，同时向国际社会展示东航员工积极的精神面貌和跨文化融合的和谐画面。意籍空乘Giada“期待重返蓝天”、意籍机长Mauro“感谢中国兄弟”、法国站长“我的家庭故事”、马尼拉销售团队“准备好重新开始”等系列微视频极大地引发了海外受众的情感共鸣，在各个平台累计达到147万阅读量。

东航从普通员工的视角出发，讲述了国际抗疫合作大背景下的小故事，有助于消除公众标签化的品牌认知，增加了品牌温度和厚度，对外具象化东航的海外形象，对内进一步增强企业凝聚力，激励全球10万东航员工齐心战疫。

海外员工抗疫生活。

东航在全球拥有109个海外机构及不同国籍、肤色和语言的员工。新冠肺炎疫情期间，1400多名外籍员工和1166名常驻海外员工坚守自己的岗位，在做好自身防护的同时，保障航班运行不断、物资运输不断。

中国建筑集团有限公司

中企力量助力埃及战“疫”

埃及 CBD 项目效果图。

中国建筑承建的 CBD 项目，是由中埃两国元首见签的“一带一路”倡议下产能合作的项目，是迄今为止中资企业在埃及承建的最大项目。

2020 年，新冠肺炎疫情在全球暴发蔓延，在这场没有硝烟的战“疫”中，中国建筑集团有限公司（下称中国建筑）以承建的埃及新行政首都中央商务区项目（下称 CBD 项目）为载体，与埃及政府和各合作伙伴通力协作，充分发挥中国企业的组织优势、管理优势、文化优势，纵深推进“防”“控”体系，不仅保障了中埃员工的健康安全，还保证了 CBD 项目的正常施工进展，有效应对了疫情对全球供应链的影响和对大型工程带来的挑战。

埃及新行政首都位于开罗以东的沙漠地带，距离市中心约 50 公里。中国建筑承建的 CBD 项目，是由中埃两国元首见签的“一带一路”倡议下产能合作的项目，是迄今为止中资企业在埃及承建的最大项目，被埃及总统塞西誉为“埃及未来发展的‘火车头’”，被埃及总理马德布利称为“新时期的金字塔”。该项目位于埃及新行政首都一期核心区，共有 20 个高层建筑单体及配套市政工程，包括 385.8 米高的“非洲第一高楼”标志塔。

疫情就是命令

2020 年 2 月 14 日，埃及卫生部宣布，埃及境内出现首宗新冠肺炎病例，这也是非洲国家中第一例新冠肺炎感染病例。之后，埃及疫情便呈持续上升态势。

面对这突如其来的变化，如何采取有效措施来应对这场危机，是中国建筑埃及分公司的当务之急。早在埃及发生疫情之前，中国建筑就要求出国员工在出国前和抵达工程所在国后执行两个 14 天的“双隔离”。鉴于病毒的危险性，中国建筑埃及分公司第一时间召开了专题会议，以“疫情就是命令，防控就是责任”为导向，以中埃员工生命健康和安全为目标，将防疫抗疫当作第一要务来紧急部署。

中国建筑埃及分公司迅速编制防疫应急预案，成立防疫工作组；制作了大量中阿双语防疫展画、标语、手册来科普防疫知识，帮助中埃员工正确面对疫情、科学化解压力；每日定时对公共区域和交通车辆进行消毒；筹备口罩、防护镜、洗手液、消毒剂等防疫物资并提前储备生活物资；举办媒体开放日和参加中国大使馆第三次疫情防控记者会，向来

中国建筑埃及分公司第一时间召开了专题会议，以“疫情就是命令，防控就是责任”为导向，以中埃员工生命健康和安全为目标，将防疫抗疫当作第一要务来紧急部署。

防疫消毒。

防疫安全演练。

自埃及尼罗河电视台、《金字塔报》、《今日消息报》等主流媒体的记者介绍中国抗疫经验、CBD 项目防疫做法等。

流动人员是疫情传播的最大风险，也是防范疫情输入的焦点和难点。中国建筑埃及分公司及时封闭了 CBD 项目所有 5 个入口中的 3 个，仅留下南北两个入口，使用手持式红外线测温仪、热成像显示仪等设施对进场人员进行体温测量。

在检测过程中，工作人员耐心劝解，逐渐使全体员工从“要我防疫”向“我要防疫”转变。5 月，埃及政府出台强制佩戴口罩的政令，而 CBD 项目现场内的中埃员工早已养成了佩戴口罩的习惯。

3 月 18 日，赶在埃及封关之前，公司向埃及派驻了第一批带有医疗功能的工作组，为海外项目防疫的常态化、制度化提供了专业保障。

国内工作组万里驰援

中国建筑高度重视海外机构和项目的疫情防控工作，坚持国内国外统筹协调，就抓好海外疫情防控进行全面部署安排。3 月 18 日，赶在埃及封关之前，公司向埃及派驻了第一批带有医疗功能的工作组，医疗工作组成员们每 3 个月轮换一次，为海外项目防疫的常态化、制度化提供了专业保障，也大大提振了中埃员工的抗疫信心。

工作组将国内最新的防疫经验带到CBD项目，确立了“加强组织领导，坚持科学防疫，抓住重点难点，注重人文关怀，强化应急机制”的指导思想；制定了“坚持防控为先，侧重早期诊疗”的实施方案；完善了员工健康信息扫码制度，组织项目防疫演练，构筑防控屏障；录制中阿双语版“七步洗手法”和“正确佩戴口罩”的视频，在项目现场的电视中滚动播放，受到中埃两国员工的欢迎。“我每天都使用七步洗手法，还教我的家人一起用”，埃及员工默罕默德满意地说。医疗工作组成员们还利用工余时间巡回授课，为广大工友疏解焦虑情绪、诊疗疑难杂症，被大家称为“白衣天使”。

中国建筑埃及分公司制定了“大封闭、小隔离、网格化”的防疫方针，既保障了防疫效果，又促进了工作开展。

“九字方针”显真义

中国工程院院士、著名呼吸病学专家钟南山曾提到，针对传染病最原始的办法便是最有效的办法，那就是隔离，阻断传播途径。CBD项目高峰期有2000多名中国员工和5000多名本地劳工。若中企属地员工依旧像疫情开始前一样来去自如，传染风险将完全不可控制。在充分借鉴国内防疫经验后，中国建筑埃及分公司制定了“大封闭、小隔离、网格化”的防疫方针，既保障了防疫效果，又促进了工作开展。

边生产边防疫。

现场讲解疫情防控知识。

埃及工程师瓦利德在封闭式管理下积极工作。

“大封闭”指的是尽最大可能将员工工作居住的小环境与社会大环境做区隔，中国建筑埃及分公司于3月26日开始实施严格的全封闭管理；“小隔离”是指对进入全封闭管理现场的外来人员进行分区集中隔离，通过在现场内新建活动板房、在周边城镇租赁数栋房屋来保障外来中埃员工14天隔离使用；“网格化”是指将已经全封闭式管理的员工，按照岗位职责不同，分为若干小区域，原则上只允许同一区域内的员工因工作需要而走动。

标志塔项目的技术工程师瓦利德非常认同项目的防疫模式，他选择和很多埃及同事们一起驻守在项目部，“虽然这是我离家时间最长的一次，但这都是为了我和家人的健康”，瓦利德这样评价。

标志塔项目的技术工程师瓦利德非常认同项目的防疫模式，他选择和很多埃及同事们一起驻守在项目部，“虽然这是我离家时间最长的一次，但这都是为了我和家人的健康”，瓦利德这样评价。

最美逆行者

为降低外部病毒输入风险，自3月19日起埃及政府暂停了所有国际航班，一大批参与CBD项目建设的中国工程师和专业工人被滞留在中国国内，对项目的持续进展产生了较大影响。

在中国驻埃及大使馆的协调和帮助下，中国建筑埃及分公司向埃及政府多次申请，并经埃及卫生部、住房部派员赴 CBD 项目现场对隔离设施、防疫措施进行检查，最终在埃及总理的推动下，埃及政府同意在防疫措施到位的基础上，允许中国建筑员工乘坐四川航空班机赴埃。

5 月 8 日，首批 76 名员工顺利返埃，拉开了逆行的序幕，不仅为推进 CBD 项目施工生产增添了新生力量，也为现场的 3500 名中埃员工带来了莫大的精神鼓舞。在这批逆行者中，有一对父子格外引人注目——父亲于自清和儿子于成都是 CBD 项目的一线管理人员。当同事们问他们为什么有勇气返回埃及时，于自清自信地回答："我们家在湖北荆州，刚刚经历了与武汉并肩抗击疫情，如今有公司保障着大家的安全，咱们就放心干活儿吧！"

埃及住房、公共设施和城市发展部部长埃萨姆·加扎尔表示，"中国建筑向埃及捐赠医疗防疫物资是雪中送炭"。

"疫"线关爱多

4 月 21 日，中国建筑向埃及捐赠医疗防疫物资交接仪式在 CBD 项目现场举行。捐赠物资上贴有"青山一道同风雨，明月何曾是两乡"的古诗，充分表达了中国建筑与埃及人民携手抗疫的决心。埃及住房、公共设施和城市发展部部长埃萨姆·加扎尔表示，"中国建筑向埃及捐赠医疗防疫物资是雪中送炭"。《金字塔报》《今日消息报》《七日报》等当地媒体深入报道捐赠活动，对中国企业履责担当给予积极肯定。

开罗时间 4 月 21 日，中国建筑向埃及捐赠医疗防疫物资。

为配合防疫大局，CBD 施工现场很多员工延期休假，外出活动也大大减少。在严格执行各项防疫规定的前提下，中国建筑埃及分公司还因地制宜开展了各类活动，如组织在线讲座、防疫知识竞赛、优秀员工评选、“开斋节”“宰牲节”慰问和“送清凉”等活动。项目属地劳务经理伊斯来姆在收到节日礼盒时激动地表示，“虽然疫情给我们的工作和生活带来了很多不便，但公司还是尽力丰富我们的生活，我们心里很温暖”。9 月，中国建筑埃及分公司以线上方式举办了“建证幸福”主题云开放日，邀请中国驻埃及媒体记者和埃及员工共同担任主播，生动展示了 CBD 项目超高层建设技术、疫情下员工精神面貌和企业履行社会责任情况，130 余家海外媒体对开放日进行了转载报道，覆盖海外 7000 万受众。

答好防疫生产综合题

为缓解经济下行压力，6 月，埃及政府提出推动各行各业复工复产，尤其要求建筑业不停工。中国建筑埃及分公司面对疫情挑战，主动化危为机、危中寻机，考虑到物资进口的困难，加大当地采购比例，助力当地建筑产业链发展。

2020 年 9 月，中国建筑埃及分公司被中国驻埃及大使馆授予了“中埃抗疫合作贡献奖”。

虽然“疫”云未散，但在 CBD 项目施工现场，塔吊林立、机器轰鸣、重卡穿梭，来自不同国度的建设者们整齐划一地佩戴着口罩，一边战“疫”，一边生产。截至 2021 年 3 月底，CBD 项目已实现 9 栋高层建筑主体结构封顶，正在全面推进幕墙的规模化安装，“非洲第一高楼”标志塔达到 71 层、高度 335.4 米，不断刷新非洲天际线。埃及总理马德布利自 2020 年初以来三次亲临 CBD 项目，对项目建设寄予了深切期望。

面对复杂的疫情形势和巨大的防疫压力，中国建筑以高度的担当精神、科学的防控手段，始终坚持防疫生产两手抓两手硬，最初的“应急防疫”也已经转变为“常态防疫”。埃萨姆 · 加扎尔表示，“中国建筑的所有检疫程序都做得很好，该项目在平衡经济发展和人民健康的问题上，为埃中合作及全埃及工程建设开创了值得全面推广的新模式”。2020 年 9 月，中国建筑埃及分公司被中国驻埃及大使馆授予了“中埃抗疫合作贡献奖”。由人民日报主编的《在埃华人抗疫纪实》一书，深度记录了 CBD 项目防疫生产的做法及成效。埃及主流媒体《金字塔报》前主编、著名记者卡

2021 年 2 月，CBD 项目航拍。

迈勒·贾巴拉在其撰写的《中国创造奇迹的 70 年》一书第二版中，共有 8 篇文章涉及 CBD 项目防疫生产和人文关怀的故事，在阿拉伯地区深受读者喜爱。

当前，埃及新冠肺炎疫情形势仍然十分严峻。中国建筑埃及分公司采取的一系列举措，既是中国力量、中国精神在沙漠戈壁扎根抽芽的生动实践，又是中国建筑慎终如始、善作善成，在异国他乡诠释“硬核”担当的坚强体现。中国建筑将继续筑牢抗疫防线，凝聚合作力量，维护项目稳定，让 CBD 项目成为“一带一路”倡议下的精品示范工程。我们坚信，中埃人民必将取得这场抗疫阻击战的最后胜利！

招商局集团有限公司中国外运股份有限公司

畅通全球抗疫“生命线”担当国际供应链“守护者”

2020 年，新冠肺炎疫情相继在世界各地暴发，中国倡导“人类命运共同体”理念，为全球联合抗疫树立了典范。招商局集团旗下中国外运股份有限公司（下称中国外运）积极践行央企责任，率先投身到国家抗疫行动中，在国际运输通道多方受阻的形势下，中国外运凭借“五通道、一平台”（空运通道、陆运通道、汽运通道、水运通道、海外通道和“运易通”线上平台）筑起了抗疫物资骨干物流网络，完成海外物资输入和国家对外援助重大物流保障任务，全力保障多个“一带一路”沿线物流项目，在确保国际供应链安全稳定方面做出了重要贡献，充分展现了中国外运在全球疫情暴发特殊背景下的担当和实力,有力履行了“国家有需、招商所能、外运必达”的央企责任，这其中更涌现出许多生动故事。

中国外运凭借“五通道、一平台”（空运通道、陆运通道、汽运通道、水运通道、海外通道和“运易通”线上平台）筑起了抗疫物资骨干物流网络。

一波三折的列日包机：没有山穷水复，只有全力以赴

2020 年 1 月 24 日，当鼠年新年的钟声敲响之时，中国外运跨境电商公司列日包机团队没有一丝喜悦，因为他们接到 ASL 航空公司通知，原定包机机组因中国新冠肺炎疫情严重不愿执飞中国，更不愿进入当时疫情严重性仅次于湖北的浙江，这意味着连日来列日包机团队为应对疫情提前 20 天复航的努力功亏一篑。

列日—杭州包机是中国外运跨境电商公司的全货机运力，每周定期从比利时列日至中国浙江省杭州市往返，由波音 747-400 执飞。春节期间包机原本停飞。国内新冠肺炎疫情暴发后，列日包机团队立刻意识到空运通道的重要性，计划提前 20 天复飞包机，但在焦急等待后得到的却是拒飞的坏消息。

疫情就是命令，通道就是生命！列日包机团队没有时间来消化沮丧的情绪，立即着手研究各种保护机组健康安全的方法，并与ASL航空公司总部反复沟通，承诺力保机组健康安全。然而2月2日，航司在刚刚回复尽力满足后，却又一次拒绝执飞。再次陷入被动局面的列日包机团队没有气馁，通宵达旦与相关方进行沟通协调，研究出经停其他国家、换机组入境中国等多套方案，甚至承诺在杭州当地包下一座酒店和专车给机组专用以确保安全隔离，终于获得了机组的认可同意执飞。然而就在起飞前一天，却又传来机组再次拒绝执飞的消息。有多少次被拒绝，就有多少次再争取！列日包机团队顶住压力，充分发挥国内民航合作资源优势，紧急敲定了列日直飞杭州——机场卸货期间机组不下飞机——之后转飞上海安排机组休息的方案，最终艰难地获得了机组的认可。比利时当地时间2月9日上午，一架满载应急物资的包机终于飞往中国，

中国外运列日包机成为联系欧洲与中国的重要航空物流通道。

成为疫情期间第一架从欧洲飞往中国的全货机。

随着新冠肺炎疫情的全球蔓延，列日包机从3月起由此前的每周3班增加到每周4班，持续将大量防疫物资运送至欧洲。没有山穷水复，只有全力以赴。列日包机只是中国外运空运通道的一个缩影，它以专业和专注谱写出中国外运物流通道守护者的责任担当。2020年，中国外运跨境电商公司全年完成应急防疫物资空运进口、清关派送2319吨，出口3600吨，近百架次包机地面操作和保障服务。在充分利用多年积累的空运经验、行业资源和专业集货集运能力，向社会各界提供空运专业支持的同时，中国外运跨境电商公司还发扬敢为天下先的创新精神，与国航联合首创“客改货”包机方案，树立了业内标杆，突显行业地位和专业能力，持续以服务创造价值。

2020年，中国外运跨境电商公司全年完成应急防疫物资空运进口、清关派送2319吨，出口3600吨，近百架次包机地面操作和保障服务。

四上新闻联播的中欧班列：中国外运“铁哥们”，复工复产定心丸

2月28日，央视新闻联播中出现了中国外运中欧班列（长沙）的身影，紧接着3月8日、3月12日、3月20日，中欧班列（长沙）连续四上新闻联播，成为复工复产稳外贸的典型。中欧班列（长沙）到底有什么魅力让新闻联播青睐有加？因为它是中欧班列的第一方阵，疫情期间，全国仅有的四个“天班”班列之一。

新冠肺炎疫情发生后，在航线大面积停飞、公路水运受阻、口岸不畅等情况下，中国外运陆运通道的重要性愈显突出，为此，中国外运华南区域中欧班列（长沙）决定实行“天班”运营。大年三十，“天班”运营的消息才在工作群里发出，刚刚放假回家的同事们就以最快的速度请缨作战，现场组、运单组、关务组、结算组纷纷认领任务，全力以赴确保班列顺利发车：负责运单资料对接的同事开启明斯克作息时间，和家人成为住在同一所房子里的最熟悉的陌生人；现场组同事每天要协助海关查验，查验完毕之后再把货物重新打包装柜，往往深夜才能离开货场；年轻的妈妈把自己锁在书房里专心工作，假装听不到三岁女儿拍门叫妈妈的哭喊声。他们熬着夜、抢时间、赶进度，超额完成疫情期间的发运任务，在国内疫情最严峻的一季度共发运78列，同比增长310.53%，成为稳定湖南外经贸基本盘的重要抓手。值得一提的是，中欧班列（长沙）

中国外运“铁哥们”系列——疫情期间开通多条班列线路。

将中国－白俄罗斯工业园的入园企业——中联重科原计划 50 天的运输时间缩短至 16 天左右，为其解决了年后建设工期紧张问题，让客户惊喜不已。中联重科表示：“感谢中国外运在特殊时期还能第一时间给我们提供定制化的物流解决方案，你们的高效和专业真是给我们的复工复产吃了一颗‘定心丸’”。

中欧班列（长沙）只是中国外运众多“铁哥们”的代表。在全球供应链受到较大冲击，海运空运等传统运输方式严重受阻的情况下，中欧班列成为“一带一路”沿线安全可靠的运输渠道，为稳定国际产业链、供应链，保障抗疫物资运输，促进企业复工复产，支持“一带一路”项目建设等发挥了重要作用。中国外运与各地政府及相关部门通力合作，搭建出一条立体、全面、专业的铁路阵线，既有春节不断线的长沙、西

中欧班列为稳定国际产业链、供应链，保障抗疫物资运输，促进企业复工复产，支持“一带一路”项目建设等发挥了重要作用。

安中欧班列，保防疫再复工的石龙、沈阳中欧班列，稳外贸促外经的郑州铁海快线、新乡中亚班列，还有应对市场及客户需要新开行的沈阳—奥地利恩斯班列、长沙—俄罗斯莫斯科班列、石龙—维尔纽斯邮政专列、“美的”大客户专列等多条线路，拓宽了中欧班列海外通道，扩大了在欧洲境内的服务辐射范围，保障推动了“一带一路”沿线贸易的互联互通。2020 年，中国外运累计开行国际班列 1580 列，发运 15.7 万 TEU（标准集装箱），箱量同比增长 21.7%。

2020 年，中国外运累计开行国际班列 1580 列，发运 15.7 万 TEU（标准集装箱），箱量同比增长 21.7%。

四港联动的中韩邮路：敢为人先破壁垒，同心防疫架坦途

只有敢于走别人没有走过的路，才能收获别样的风景，这句话用在中国外运华中区域身上最恰当不过。疫情期间，华中区域在与其代理商韩国汎韩物流的沟通中得知，由于 2 月初大韩航空取消了所有对中航线，导致韩国邮政的主要运输渠道阻断，大批量防疫物资在韩国邮政积压。华中区域想客户之所想，急客户之所急，决定借助“四港联动”水运通

四港联动：威海港汽运转运。

道的运力优势，在中韩邮政之间开辟一条新通道。

“四港联动”是中韩两国2019年以中国山东威海，韩国仁川的空港、海港为节点，搭建的海港、空港、铁路港、内陆港全面联动和多式联运发展的双向物流黄金通道。华中区域作为“四港联动”项目平台建设主体，自2019年以来先后打通了韩国经威海出口至欧洲的海铁联运大通道、日本经威海出口到欧洲的海铁联运大通道、韩国客户出口欧洲的第四物流通道等，更在疫情蔓延期间发挥了非常重要的通道作用。

利用“四港联动”开通新邮路是个非常大胆的想法！因为邮政和物流是不同的体系通道，国际邮政之间的邮路为闭环渠道，一旦设定则难以更改，而且新增邮路需两国各级海关、邮政等部门层层沟通、审核、议定。如何在最短的时间内协调多个环节打通邮路，成为摆在华中区域面前最为关键的问题。

华中区域迅速辗转与中国邮政及邮件积压最多的北京、上海两地邮政负责人取得联系，确定了各方认可并接受的运输及转运方案，在得到韩国汎韩物流代表韩国邮政给予的国际邮路新通道物流服务商正式授权后，终于在两周内完成了邮路开通前的系列业务环节对接工作。2月22日，华中区域承运的首批邮件包含100余万件防疫物资从韩国仁川机场陆运至仁川港，后经海运运至威海港，完成卸船、转关后，以汽运的方式发往上海邮政海关，在各方协调下，这趟物资运输节省了近20小时的中转时间。2月25日，华中区域又打通了中韩邮路至北京方向的通道。截至2020年末，中韩新邮路累计发运韩国邮政邮件、汽车配件等各类物资796吨，成为支持防疫和企业复工复产的重要力量，尤其是随着韩国疫情的蔓延，这条新邮路又成为韩国抗疫的重要生命线。

中国外运创造性地打通了中韩陆海联运邮路新通道，改写了国际邮路闭环渠道不对外开放的历史，架起了中国外运与邮政合作的桥梁。随着海外疫情的蔓延，世界20多个国家邮路受阻，中国外运发挥自身物流网络优势与中国邮政网络形成互补，成为中国邮政总局授权的国家邮路通道物流合作伙伴，确保国际邮路通道畅通。

中国外运创造性地打通了中韩陆海联运邮路新通道，改写了国际邮路闭环渠道不对外开放的历史，架起了中国外运与邮政合作的桥梁。

这样的故事还有很多。在“一带一路”重点项目中国中铁帕德玛铁路连接线项目首批钢梁发运任务中，中国外运所属海外项目团队顺利将

8968 吨钢梁和 207 吨配套连接紧固件运抵施工现场，保证了各个物流环节的及时和高效，得到了中国中铁项目部的充分肯定。在 2020 迪拜世博会中国馆第一票国际物资入园就位工作中，中国外运在短短 2 天内，办妥了世博会入园及自贸区转关手续，准时将货物送抵中国馆现场，再一次用事实证明了中国外运的效率和实力，得到了客户的高度赞扬。在哈萨克斯坦谢列克 60MW 风电项目中，中国外运将超体、超大、超宽的风电项目叶片顺利运抵项目现场。

中国外运将充分发挥“物流国家队”作用，以全链路的服务能力、全网络的集成能力、全场景的连接能力、公共性的聚合能力，持续保障供应链安全稳定，助力全球抗疫。

中国外运将充分发挥“物流国家队”作用，以全链路的服务能力、全网络的集成能力、全场景的连接能力、公共性的聚合能力，持续保障供应链安全稳定，助力全球抗疫。

保障迪拜世博会中国馆第一票国际物资入园就位。

中国生物技术股份有限公司

从血浆疗法到疫苗研发

2019年底，新冠肺炎疫情暴发，成为在中国及全球范围内传播速度最快、感染范围最广、防控难度最大的一次突发公共卫生事件。在新冠肺炎疫情防控阻击战中，已有百年历史的中国医药集团下属中国生物技术股份有限公司（下称中国生物）第一时间成立了由国家“863”计划疫苗项目首席科学家杨晓明董事长挂帅的科研攻关领导小组，在诊断、治疗和疫苗研发三个维度奋力攻关。

从新冠病毒核酸检测试剂盒研发到康复者恢复期血浆治疗，再到灭活疫苗全球首个获批临床应用并启动国际临床III期试验，中国生物积极发挥科研主体作用，率先提供甄别病原种类的“指南针”，生产的22重呼吸道检测试剂盒在第一时间排除了已知病毒，为最终确定本次疫情为新冠病毒感染探明了方向；率先研发出诊断病毒的“探照灯”，研制的新冠病毒核酸分子检测试剂盒首批通过国家认证和欧盟认证，列入世界卫生组织应急使用清单；率先推出救治重症、危重症新冠肺炎患者的“压舱石”，最早提出并果断推动康复者血浆治疗方法获得国务院联防联控机制推荐使用，并被纳入国家卫健委等发布的《诊疗方案》；率先研制出救治重症、危重症患者的“金钥匙”，以康复者血浆为原料制备出的特异性免疫球蛋白作为治疗新冠感染特效药物，纳入应急药品使用和国家储备；率先研制出疫情防控决战决胜的“撒手锏”，获得全球首个新冠灭活疫苗临床试验批件；率先启动新冠灭活疫苗国际临床试验（III期），在阿联酋等7个国家开展，入组超过6万人，覆盖125个国籍人群；率先建成全球最大新冠疫苗“兵工厂”，即高等级生物安全生产设施，填补了国内硬件基础设施和管理体系的空白；率先获批疫苗紧急使用，有力保障了

> 中国生物积极发挥科研主体作用，率先提供甄别病原种类的“指南针”，率先研发出诊断病毒的“探照灯”，率先推出救治重症、危重症新冠肺炎患者的“压舱石”，率先研制出救治重症、危重症患者的“金钥匙”，率先研制出疫情防控决战决胜的“撒手锏”。

高风险群体的生命安全和身体健康；率先在阿联酋等国实现新冠疫苗全球第一个正式注册上市，率先实现新冠疫苗国内附条件上市，率先获得世界卫生组织紧急使用认证。一系列全球瞩目的重大科研成果，为中国实现新冠肺炎“可诊、可治、可防”的目标提供了有力支撑，为打赢全球疫情防控阻击战注入强大信心和力量。

向意大利分享康复者恢复期血浆治疗方案

治疗新冠肺炎最有效的药是什么？复旦大学附属华山医院感染科主任张文宏回答："最有效的药就是你的免疫力。"但危重病人自身的免疫力已经十分低下，怎么对抗新冠病毒呢？国家“863”计划疫苗项目首席科学家、中国生物董事长杨晓明，血液制品专家、中国生物副总裁杨汇川带领攻关团队，在全球率先提出使用康复者恢复期血浆治疗重症患者的临床方案。

从免疫学和生物学的角度来看，这一诊疗技术并不新鲜。早在一百多年前，人们就开始使用动物血中的抗体了。1890年，德国生理学家冯·贝林就利用马的免疫血浆治疗白喉，发明了白喉抗毒素，使世界儿童免受白喉的威胁。此后，这种疗法还被用于猩红热、麻疹、黄热病、百日咳等传染病治疗中。这一技术还在中东呼吸综合征（MERS）、甲型流感、埃博拉病毒感染等疫情的治疗中发挥过重要作用。但它又很新鲜，因为新型冠状病毒是首次危害人类的病毒，用康复者恢复期血浆救治危重患者能不能成功还需要实践检验。所以这是一项既古老又创新的技术，它是存在风险的。

中国生物通过成熟的血浆制备技术，研发制备出新冠康复者恢复期病毒灭活血浆，系统提出了康复者恢复期血浆采浆计划、技术标准和临床治疗方案。

2020年1月30日，中国生物承担了科技部国家重点研发计划“公共安全风险防控与应急技术装备”重点专项“2019-nCoV感染恢复期患者特异血浆和特异免疫球蛋白制备”项目。

攻关团队顶住压力，快速启动各项科研攻关工作，2月1日，中国生物采集到了第一例康复者的血浆。采集完康复者恢复期血浆后，中国生物对血浆进行核酸检测、病毒灭活工艺等程序把关，通过成熟的血浆制备技术，研发制备出新冠康复者恢复期病毒灭活血浆，系统提出了康复者恢复期血浆采浆计划、技术标准和临床治疗方案。

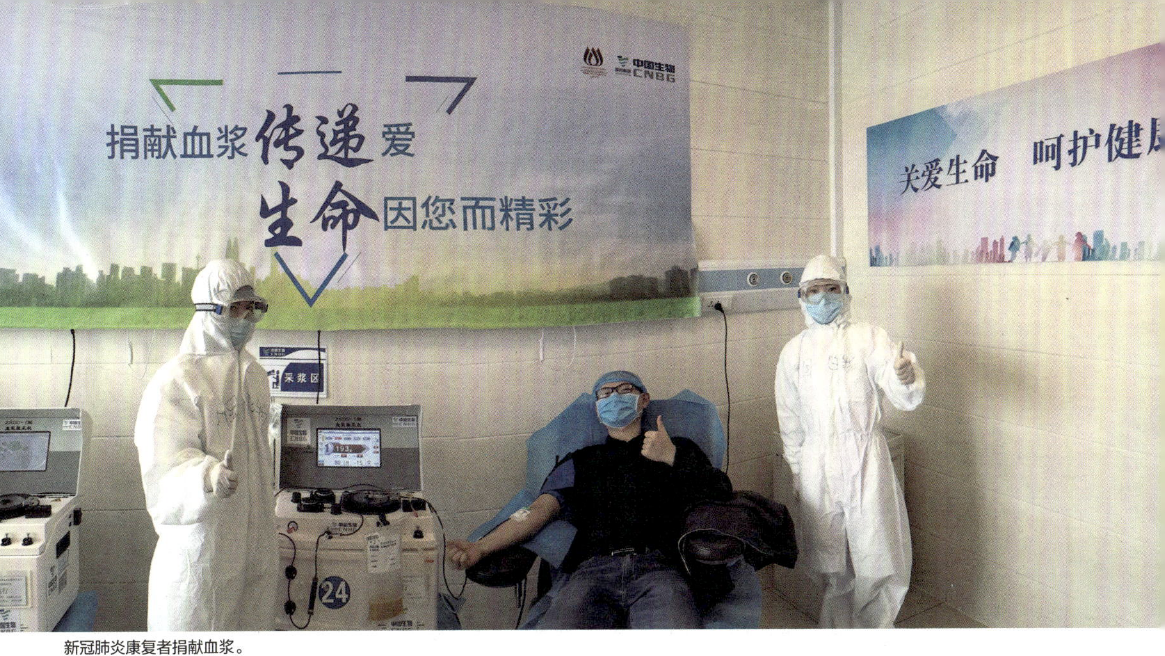

新冠肺炎康复者捐献血浆。

2月8日，康复者恢复期血浆临床治疗在相关医疗机构展开。第一批入组10例，患者接受治疗12 ~ 24小时后，临床体征和症状明显好转，救治效果显著。

此后，中国生物调集精干力量，迅速组织221人，派出44个采浆小组，在全国18个省（自治区、直辖市）设置了52个血浆捐献点，积极开展康复者恢复期血浆采集工作。

康复者血浆治疗技术获得国务院联防联控机制推荐使用，被纳入国家卫健委《新型冠状病毒肺炎诊疗方案（试行第八版）》。有的专家把这个治疗方法形容为“压舱石”。随着新冠肺炎疫情在全球范围内不断蔓延，这一疗法逐渐被多国采纳使用。世界权威期刊《美国科学院院报》刊载了中国生物阐述该治疗技术的论文。当意大利成为受疫情影响最严重的国家之一时，中国生物副总裁杨汇川加入了中国红十字会赴意大利援助当地新冠肺炎疫情防控工作的志愿专家组，奔赴国际疫情前线，向意大利专家分享康复者恢复期血浆疗法临床救治经验。

康复者血浆治疗技术获得国务院联防联控机制推荐使用，被纳入国家卫健委《新型冠状病毒肺炎诊疗方案（试行第八版）》。

3月12日，杨汇川作为中国援助意大利抗击新冠肺炎疫情的首批医疗专家组成员，与红十字会、国家疾控中心及相关医疗专家，携带31吨救援物资和治疗药品，从上海起飞，飞越9619公里，驰援意大利。

到达意大利后，他随专家组先后来到罗马及意大利新冠肺炎疫情最

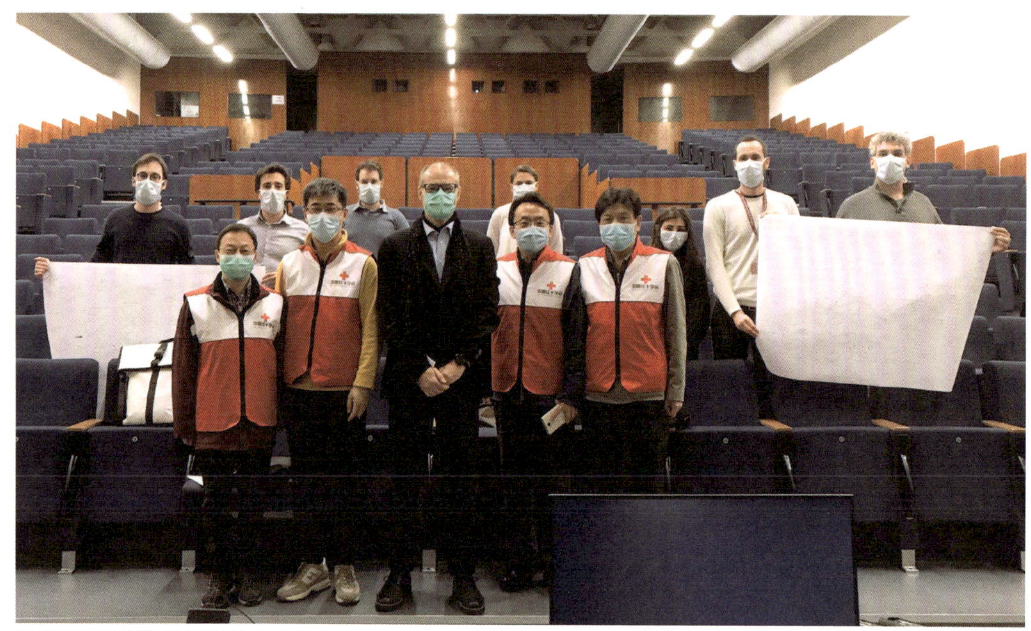

专家组与意大利交流分享抗疫经验。

严重的北部城市——帕多瓦和米兰，听意方详细介绍了新冠肺炎疫情在意大利的演变情况和当地疫情防控情况，研究意大利疫情特点，与意专家交流分享中国经验。

杨汇川向当地相关医疗机构详细介绍了中国生物在诊疗方面的抗疫经验，特别着重分享了康复者恢复期血浆应用于临床危重病人治疗的经验，包括康复者的选择，康复者献浆的动员，血浆的检测方法，病毒灭活技术，如何保证血浆的安全性和有效性等。就临床治疗应用方面的经验，比如如何临床使用，对哪类病人使用更能发挥作用，如何输注，输注剂量，病患者输注前后应关注哪些临床指标等，与意方进行了详细的讨论。

意大利外长迪马约感谢中国政府捐赠的防疫物资，并特别感谢来自中国的专家团队能和意方科学家们分享抗疫经验。

意大利专家表示非常感谢这次交流，他们正在制定康复者恢复期血浆的采集和治疗方案，这次交流无疑是雪中送炭。同时，他们表示希望与中国生物在这一领域开展科研合作，从而进一步减少死亡人数，降低死亡率。

意大利红十字会会长弗朗切斯科·罗卡对中国在意大利抗击疫情最困难的时候所提供的援助、支持表示感谢。

意大利外长迪马约感谢中国政府捐赠的防疫物资，并特别感谢来自中国的专家团队能和意方科学家们分享抗疫经验。迪马约说，意大利并不孤单，最重要的是关心彼此，团结互助，就一定可以战胜疫情。

全国人大常委会副委员长、中国红十字会会长陈竺致信表扬赴意专家组："在新冠肺炎疫情防控斗争中，你们临危受命，不畏艰险，火速驰援意大利，用行动践行了习近平总书记关于扩大国际和地区合作'向其他出现疫情扩散的国家和地区提供力所能及的援助，体现负责任大国担当'的重要指示。你们在意大利积极推广中国防疫抗疫的经验，得到意方的高度重视与赞赏。感谢你们的付出与努力。"

"虽然每晚休息都已是深夜，但我觉得非常充实而有意义。""对我而言，这不是一次普通的出差，从接到任务到坐上飞机离开祖国，不到一天的时间。病毒无国界，意大利疫情形势严峻，我们肩负着重要的使命，刻不容缓。"杨汇川在《意大利抗疫日记》中这样写道。

杨汇川在日记中还分享了他的感受："血浆治疗不仅是一个救治办法、一种临床方法，更是一种爱心的传递、生命的接力。一个康复者捐献血浆，挽救他人生命；当一个危重病人接受了血浆治疗康复后，再次捐献血浆，拯救更多生命。这个过程凝聚鼓舞了人们抗击疫情的信心，形成了良好的社会效应。"

血浆治疗不仅是一个救治办法、一种临床方法，更是一种爱心的传递、生命的接力。

2 月，国务院国资委官方新媒体"国资小新"联合中国生物等多家机构，共同向新冠肺炎康复者发起爱心接力捐献血浆微倡议，国药集团等 20 余家央企接力转发；人民网等 10 余家媒体平台共同倡议；吴京等 20 余位明星本人或明星工作室纷纷转发倡议；# 治疗性新冠特免血浆制品投入临床 # 微博相关话题阅读量超过 6.4 亿人次。中国生物推出的科普动画《康复者血浆治疗是个啥》播放量累计近 700 万，"央视新闻"主持的微博话题关注超 8500 万。

新冠灭活疫苗研发全球领跑

疫苗是预防传染病最有效的手段。

从全球的经验看，一种疫苗从研发到上市，普遍需要 10 年以上，投入 10 亿元以上，最快一般也需要 5 ~ 6 年时间。但是，中国生物硬是给出了一张分秒必争的时间表：

2020 年 1 月 19 日，中国生物成立科研攻关领导小组，先期安排 10

亿元研发资金，采用“3+2”模式，即中国生物北京生物制品研究所（下称北京生物制品研究所）、中国生物武汉生物制品研究所（下称武汉生物制品研究所）和中国生物技术研究院3个团队同步进行，采用全病毒灭活疫苗和基因重组蛋白疫苗两条技术路线，开发新冠疫苗。其中灭活疫苗由两个科研攻关团队同时推进。

攻关团队连续奋战，先后攻克疫苗株筛选、毒种库建立、抗体制备及鉴定、检测方法建立、生产工艺研究、配伍及配方筛选等一系列新冠疫苗的工艺和安全质控关键技术，确定了工艺技术路线和产品基本质量属性。

攻关团队连续奋战，先后攻克疫苗株筛选、毒种库建立、抗体制备及鉴定、检测方法建立、生产工艺研究、配伍及配方筛选等一系列新冠疫苗的工艺和安全质控关键技术，确定了工艺技术路线和产品基本质量属性。

2月16日，疫苗科研攻关团队开始在多种试验动物身上开展疫苗攻毒试验，取得了阶段性突破。随后，又紧锣密鼓地开展了安全性评价工作，持续到4月7日，试验动物未出现任何异常和不良反应。

4月12日，武汉生物制品研究所申报的新冠灭活疫苗获得国家药品监督管理局临床试验许可，这是全球首家获得临床试验批件的新冠灭活疫苗。获批临床试验当天，I期和II期临床试验在河南焦作武陟县启动，临床研究为“随机、双盲、安慰剂平行对照I/II期临床试验”。4月27日，北京生物制品研究所研发的新冠灭活疫苗也进入I/II期临床试验。两个疫苗的I/II期临床研究共入组4090人。

6月16日和28日武汉生物制品研究所、北京生物制品研究所研发的新冠灭活疫苗I/II期临床试验阶段性揭盲，结果显示疫苗接种后安全性好，无一例明显不良反应；不同年龄、不同程序、不同剂量疫苗接种后，

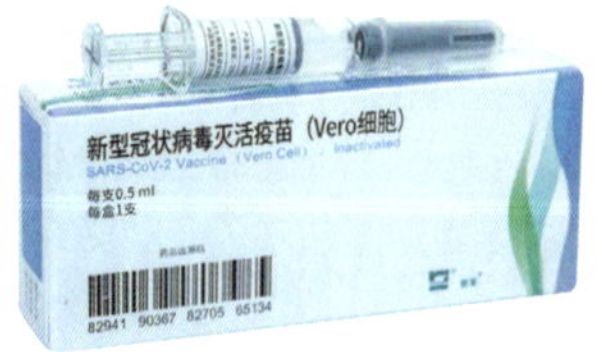

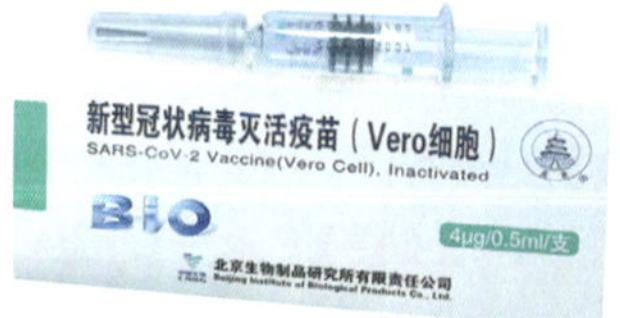

中国生物武汉、北京生物制品研究所新型冠状病毒灭活疫苗。

中国生物董事长杨晓明签署新冠灭活疫苗阿联酋临床Ⅲ期合作协议。

均产生高滴度免疫应答。

早在 2013 年，中国生物作为联盟依托单位牵头成立了中国疫苗产业技术创新战略联盟。新冠肺炎疫情期间，中国疫苗产业技术创新战略联盟向全球疫苗行业同仁发出倡议，合力抗击疫情。6 月 6 日，北京生物制品研究所联合多家单位，共同在 *CELL* 期刊在线发表研究论文，向全球介绍新冠疫苗研发进展。

> 6 月 6 日，北京生物制品研究所联合多家单位，共同在 *CELL* 期刊在线发表研究论文，向全球介绍新冠疫苗研发进展。

6 月 23 日，中国生物新冠灭活疫苗国际临床（III 期）阿拉伯联合酋长国项目启动，这是新冠疫苗全球首个进入 III 期临床试验的项目。7 月 9 日，中国生物党委书记、中国医药集团生物制品事业部总裁朱京津率工作组一行 29 人，奔赴阿联酋、巴林、埃及、约旦现场开展工作，监督指导疫苗储存、EDC 系统（电子数据捕获系统）对接、接种现场流程等相关工作。

7 月 16 日，中国生物新冠灭活疫苗 III 期临床试验在阿联酋首都阿布扎比正式启动，中国驻阿联酋大使倪坚、阿布扎比卫生部副部长 Jamal Al Kaabi 博士、中国医药集团生物制品事业部总裁朱京津、G42 集团 CEO 肖鹏等出席启动仪式，数十家当地媒体参会报道。此前，阿布扎比

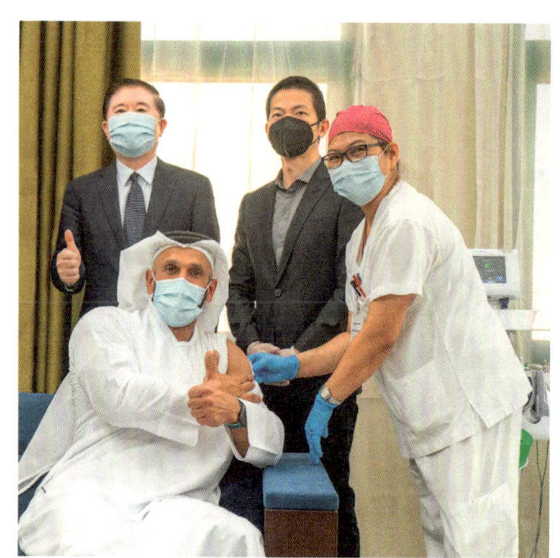

阿布扎比卫生部长艾哈迈德作为首位志愿者接受疫苗接种。

中国驻埃及大使廖力强、中国驻巴林大使安瓦尔对临床试验高度重视，发动全馆人员对临床试验给予支持。

卫生部部长阿卜杜勒·本·穆罕默德·艾哈迈德作为首位志愿者接受了疫苗接种。

8 月 13 日，国际医学期刊《美国医学会杂志》（*JAMA*）刊登了中国生物武汉生物制品研究所和中国科学院武汉病毒研究所联合研制的新冠灭活疫苗 I/II 期临床试验结果。这是全球新冠灭活疫苗第一篇正式发表的临床试验数据文章。

8 月 20 日，中国驻阿联酋大使倪坚会见中国医药集团生物制品事业部总裁朱京津一行。倪坚大使对疫苗临床试验目前取得进展表示满意，强调使馆愿继续同中方新冠疫苗研发团队及阿方相关机构保持密切沟通协调，共同推动中阿卫生医疗合作，造福两国人民和国际社会。中国驻埃及大使廖力强、中国驻巴林大使安瓦尔对临床试验高度重视，发动全馆人员对临床试验给予支持。

8 月 20 日、21 日，中国生物分别与秘鲁、摩洛哥及阿根廷签订有关新冠灭活疫苗 III 期临床试验的合作协议并举行启动仪式。这标志着中国生物新冠灭活疫苗 III 期临床试验全面提速。更多的样本量及不同地区

中国驻阿联酋大使倪坚（右）会见中国医药集团生物制品事业部总裁朱京津。

的临床试验数据将大大提升新冠灭活疫苗上市进程，为人类命运共同体、全球人民的健康福祉，贡献中国智慧与中国力量。

9月16日，巴林王国王储、第一副总理、巴林国防军副总司令萨勒曼·本·哈马德·阿勒哈利法亲王，来到中国生物新冠疫苗国际临床（III期）试验在巴林王国的接种现场，作为一名志愿者接种了疫苗。他表示这不仅仅是为了巴林，更是为了全世界，为战胜新冠疫情贡献自己的力量。

9月28日，埃及卫生与人口部长哈莱作为志愿者来到临床试验现场接种了疫苗。哈莱表示，公众应积极参与到此项新冠疫苗临床试验之中，为能够尽快研发出新冠疫苗做出贡献。

10月16日，国际医学学术期刊《柳叶刀》（*The Lancet*）刊登了中国生物北京生物制品研究所和中国疾病预防控制中心联合研制的新冠灭活疫苗I/II期临床试验结果。这是继武汉生物制品研究所发布全球首篇新冠灭活疫苗临床试验数据后，中国生物发布的又一新冠灭活疫苗临床试验数据。

当地时间11月3日，阿拉伯联合酋长国副总统兼总理、迪拜酋长阿

10月16日，国际医学学术期刊《柳叶刀》（*The Lancet*）刊登了中国生物北京生物制品研究所和中国疾病预防控制中心联合研制的新冠灭活疫苗I/II期临床试验结果。

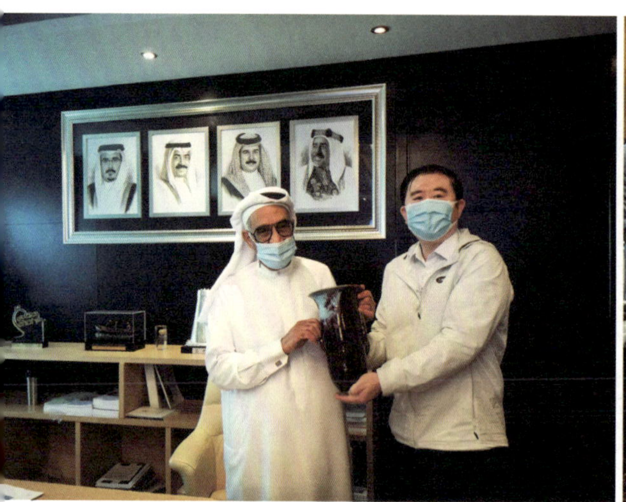
中国医药集团生物制品事业部总裁朱京津向巴林最高卫生委员会主席赠送礼物。

中国医药集团生物制品事业部总裁朱京津一行与埃及卫生与人口部长哈莱合影。

勒马克图姆在社交媒体分享照片，照片显示他正在接种中国生物研发的新冠病毒疫苗。阿勒马克图姆写道："在我接种疫苗时我希望所有人安全、健康。"

12月9日，阿联酋卫生和预防部批准中国生物新冠灭活疫苗注册上市，这是全球第一个正式获批注册上市的新冠疫苗，巴林国家卫生监管局于12月13日也批准中国生物新冠疫苗正式注册上市，临床试验数据审核结果显示，疫苗有效性达到86%。

12月30日，国家药品监督管理局批准中国生物北京生物制品研究所新冠灭活疫苗附条件上市。

12月30日，国家药品监督管理局批准中国生物北京生物制品研究所新冠灭活疫苗附条件上市。临床数据显示：北京生物制品研究所新冠病毒灭活疫苗接种后安全性良好，两针免疫程序接种后，疫苗组接种者均产生高滴度抗体，中和抗体阳转率为99.52%，疫苗针对由新冠病毒感染引起的疾病（COVID-19）的保护效力为79.34%。

2021年1月10日，中国生物新冠疫苗海外临床团队部分成员凯旋归国。186天，6700公里，在最艰苦的环境下，中国生物新冠疫苗海外临床团队获得了最为宝贵的III期临床有效性和安全性数据，并最终成就了新冠灭活疫苗在国内的附条件上市和在阿联酋、巴林正式注册上市。

2月5日，中国生物新冠灭活疫苗在玻利维亚获批上市，2月25日在塞舌尔获批注册上市。

2月25日，国家药品监督管理局批准中国生物武汉生物制品研究所新冠灭活疫苗附条件上市，这是中国生物第二个获批附条件上市的新冠疫苗。III期临床试验期中分析数据结果显示：中国生物武汉生物制品研究所新冠病毒灭活疫苗接种后安全性良好，两针免疫程序接种后，疫苗接种者均产生高滴度抗体，中和抗体阳转率为99.06%，新冠疫苗针对已确诊的中重症患者的保护率达到100%，总保护效力为72.51%，达到世界卫生组织相关技术标准及国家药监局印发的《新型冠状病毒预防用疫苗临床评价指导原则（试行）》中相关标准要求。

4月1日，匈牙利国家药品审批监管机构向中国生物北京生物制品研究所正式颁发新冠灭活疫苗欧盟GMP证书。这是中国历史上首个在欧盟获批使用和获得GMP认证的疫苗产品，迈出了中国新冠疫苗成为全球公共产品新的一步。

4月9日，中国生物技术研究院重组新冠病毒疫苗获得国家药品监督管理局临床试验批件。这是继中国生物两款新冠灭活疫苗后，采用又一技术路线的新冠疫苗获批临床，成为中国生物第三款新冠疫苗。

5月7日，中国生物北京生物制品研究所研制的新冠病毒疫苗获得世界卫生组织紧急使用认证，是第一个获世卫组织批准的中国新冠病毒疫苗。

截至2021年4月8日，中国生物新冠疫苗已生产原液超过2亿剂、已生产成品超过2亿剂、全球供应超过1亿剂、国内供应达到1亿剂、国外接种超过1亿剂，国内接种超过1亿剂，从2021年4月份开始月供应超1亿剂，未发现与疫苗相关的严重不良反应，是国内接种量最大、安全性最好、全球使用最广泛的新冠疫苗。截至目前，中国生物新冠疫苗已在7个国家获批注册上市，在全球85个国家、地区和国际组织获批紧急使用或市场准入；100多个国家明确提出采购需求，接种人群覆盖196个国别，是中国率先通过世卫组织紧急使用认证（EUL）和欧盟GMP认证的新冠疫苗。在疫苗的技术安全性、防护有效性、产能可及性、储运便捷性、人群普适性、体验舒适性、使用广泛性、价格可担负性等八个方面，得到国际社会的高度认可。

截至2021年4月8日，中国生物新冠疫苗已生产原液超过2亿剂、已生产成品超过2亿剂、全球供应超过1亿剂、国内供应达到1亿剂、国外接种超过1亿剂，国内接种超过1亿剂。

抗击疫情，人类共同的责任

在艰苦的疫情防控阻击战中，中国生物人义无反顾地冲上疫情防控第一线，体现出了中国生物人的使命担当。

武汉生物制品研究所党委书记、总经理段凯带领团队开展新冠病毒灭活疫苗的研制等项目，取得了积极进展，他还协助康复者血浆疗法攻关团队主持康复者血浆疗法临床应用，几十例重症患者均得到良好救治。疫情期间，中国生物天坛生物武汉负责血液制品的副总经理李策生每天工作时间超过 14 个小时，全力保障近 40 万瓶临床急需的新冠应急血液制品生产供应。

中国生物长春生物制品研究所有限责任公司党委书记、总经理邹勇，

中国生物北京生物制品研究所新冠灭活疫苗生产车间。

中国生物上海捷诺生物科技有限公司（下称中生捷诺）总经理夏小凯为诊断试剂研制打下良好基础，他们在疫情发生后既敏感又迅速，第一时间派出技术小组赶赴武汉，赢得了新冠肺炎检测试剂盒研发的宝贵时间。在新型冠状病毒全部基因序列被读取之后，中生捷诺即刻启动检测试剂盒研制工作。经过设计、优化和试验，中生捷诺成为全国首家研制出新型冠状病毒核酸分子检测试剂盒的机构。6 月 11 日，中生捷诺的新型冠状病毒核酸检测试剂盒列入世界卫生组织（WHO）应急使用清单。3 月 12 日，中生捷诺的新型冠状病毒中和抗体检测试剂盒（酶联免疫法）完成CIBG的CE认证，获得在欧盟及其他认可欧盟CE认证国家的市场准入。

中国生物天坛生物负责血浆采集工作的护士长陆凤萍，在疫情暴发后的大年初二就奔赴武汉，在疫区连续工作 40 多天，于 2 月 1 日采集到了全国第一份康复者血浆。

北京生物制品研究所工程保障部副经理石巍，在疫情暴发时驱车七百多公里，第一时间投身疫苗生产车间建设项目，用最短的时间完成了各种审批手续。北京生物制品研究所所长王辉带领公司全员克服重重困难，仅用 2 个月的时间就完成新冠灭活疫苗生产车间主体建设，堪与“火神山”建设速度媲美。

中国生物还第一时间向中国红十字会捐赠了核酸检测试剂盒用于国际社会抗疫，向疫情最严重的国家及世界卫生组织、全球疫苗免疫联盟等机构陆续寄送了各类口罩和紧急医疗器材，并帮助英国、意大利、巴基斯坦等国的相关公司和机构联系口罩、护目镜、呼吸机等紧缺物资的供应。

2019 年是中国生物成立第一百年。中国生物秉承“关爱生命、呵护健康”的理念，积极履行社会责任，在国家重大传染病和流行病应急防控及重大抢险救灾中，长期起到专业支撑和稳定社会的作用。中国生物作为生物医药“国家队”，承担着 80% 以上国家免疫规划用疫苗的生产供应任务。除了此次抗击新冠肺炎疫情外，还为我国消灭天花，消除脊髓灰质炎本土病例，控制麻疹、白喉、百日咳、流行性乙型脑炎、流行性脑髓膜炎、乙型肝炎等传染病流行，以及在抗击“非典”、抗震救灾、应对甲型 H1N1 流感中发挥了不可替代的重要作用。

中国生物作为生物医药“国家队”，承担着 80% 以上国家免疫规划用疫苗的生产供应任务。

奇瑞控股集团有限公司

国际化奇瑞的“全球抗疫之战”

奇瑞携手海外“朋友圈”，累计募集和捐赠医用物资超百万件，助力海外国家打响抗疫和复工的双重“保卫战”，展现了“中国品牌”的承诺与担当。

2020 年，一场肆虐全球的新冠肺炎疫情，促使各国再次审视和思考“如何持续构建人类命运共同体”这一事关全人类发展的重大课题。

奇瑞控股集团有限公司（下称奇瑞）推进国际化战略 20 余年，拥有 10 个海外生产基地，产品出口全球 80 多个国家和地区。在这场抗疫之战中，奇瑞通过自己的实际行动，为有效遏制疫情发展、投身人类命运共同体建设贡献了“中国方案”：

从 2020 年 1 月初海外紧急采购医用物资驰援国内疫情防控，再到全球疫情暴发后“反向援助”发生疫情的海外国家和地区……奇瑞携手海外“朋友圈”，累计募集和捐赠医用物资超百万件，投入了包括中国在内的全球抗疫战场，并在海外疫情最严重时期留守海外市场，助力海外国家打响抗疫和复工的双重“保卫战”,展现了“中国品牌”的承诺与担当。

与时间赛跑，携手海外“朋友圈”驰援中国抗疫

2020 年 1 月 25 日，庚子年大年初一。与往年收到的新年祝福不同，奇瑞国际公司团队的 20 多个海外总监，同时收到一项紧急任务：奇瑞控股集团抗击新型冠状病毒肺炎指挥小组要求国际公司立即启动海外抗疫物资采购，利用一切海外渠道募集紧急物资，驰援国内疫情防控。

一场“与时间赛跑”的紧急采购，迅速在奇瑞各大海外基地、海外合作伙伴渠道展开。巴西、俄罗斯、科威特、以色列、巴拿马、沙特、阿根廷、越南……短短 20 多天里，奇瑞在全球合作伙伴的帮助下，从海外采购了共计 22.5 万件医用物资，第一时间发回国内，捐赠给包括武汉在内的抗疫一线。奇瑞成为最早向国内发回海外物资的企业之一，有效

奇瑞携手海外合作伙伴采购医用物资发回国内。

缓解了国内疫情最严峻时期的物资压力。

深入推进属地化战略的奇瑞，以开放包容、合作共赢的态度，从市场、法律、文化等各个方面与所在国深度融合，在带去优质产品和服务的同时，更积极投身当地就业、民生、公益等各项事业，赢得了海外各市场所在国的信任和口碑，海外“朋友圈”越做越大。在这场全球采购行动中，奇瑞海外经销商、合作伙伴等纷纷将自己视为“奇瑞大家庭”的一员，和奇瑞一起克服了货源紧缺、报关报检手续繁杂、国际物流不畅等重重困难，只为用最短的时间将物资发回国内。

> 深入推进属地化战略的奇瑞，以开放包容、合作共赢的态度，从市场、法律、文化等各个方面与所在国深度融合，在带去优质产品和服务的同时，更积极投身当地就业、民生、公益等各项事业，赢得了海外各市场所在国的信任和口碑，海外“朋友圈”越做越大。

在巴西，由奇瑞国际公司巴西大区总经理许青松、总监张肄飞牵头，与巴西合作伙伴一起成立了应急采购小组，联系多家巴西当地供应商确认医疗物资的数量、型号和技术标准，要求现货直发并且加班生产，从询议价到物资集中到达工厂，用时仅一天半。巴西是一个税务王国，开票环节尤其复杂，如果按照正常程序从创建订单到开出票据，大约需要7天时间。时间就是生命！奇瑞应急采购小组开启应急方案，中巴两国工作人员兵分多路推进，提前6天完税务票据开具，为物资运输争取到宝贵时间。

在越南，奇瑞当地合作伙伴通过各种关系连跑五六家医用口罩生产

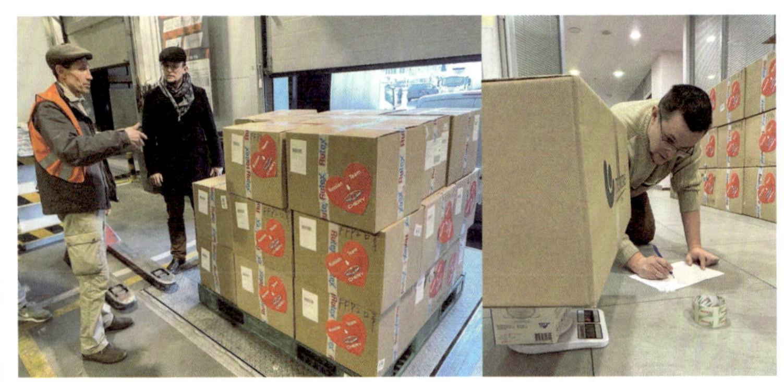

奇瑞俄罗斯合作伙伴打破“从不加班”的传统，连夜将医用口罩运送到莫斯科机场。

商，终于凑齐计划的采购数量。就连战火纷飞的叙利亚和伊拉克，也向奇瑞发来支援物资，虽然数量不多，却体现了患难真情。

一些突发状况也随时考验着“奇瑞大家庭”的患难真情。国内新冠疫情暴发后，欧洲、美国取消或减少了发往中国的航班，舱位十分紧张。奇瑞采购的物资中，有一批成品体温测试仪内自带纽扣电池，属于航空禁运零件。外方合作伙伴与中方工作人员一起加班，连夜拆除了1000余台体温测试仪的电池并重新包装，缩小打包体积，赶时间，抢仓位，最终顺利搭上最早一班回国航班。

在两万多公里之外的阿根廷，与奇瑞合作了十多年的阿根廷索可马集团（SOCMA）听说奇瑞正在想尽办法紧急采购医用防护用品，于是发动全公司力量在阿根廷境内找到了符合医用标准的口罩资源，于1月30日向奇瑞捐赠了26000个医用口罩。

索可马集团CEO马费里先生（Maffioli）还特意向奇瑞发来慰问信，信中说：“我们觉得此次捐赠的26000个口罩远远不够，除了我们是奇瑞的合作伙伴之外，奇瑞和我们都是大家庭的一部分。当家庭中有人需要帮助时，所有家庭成员都必须提供援助。”同时，他本人还以阿根廷汽车商业协会副会长的名义与阿根廷卫生部等国家主管部门联系，争取特别支持，增加医用口罩和防护服的捐赠数量，为中国抗击新冠肺炎疫情贡献力量。

守望相助，“反向支援”海外疫情防控

2020 年 2 月下旬，当国内疫情逐渐得到有效防控之时，新冠肺炎疫情在海外渐呈扩散之势。许多国家的海外经销商、合作伙伴陆续向奇瑞发来求助请求，包括乌拉圭驻华大使馆在内的部分海外政府机构也向奇瑞寻求支援。

山川异域，守望相助。奇瑞集团第一时间向海外合作伙伴和经销商伸出援手，陆续向意大利、乌拉圭、阿根廷、俄罗斯等 20 余个国家，捐赠了包括 N95 口罩、一次性医用口罩、医用手套、防护服等在内的各类医用物资 100 余万件。

奇瑞集团第一时间向海外合作伙伴和经销商伸出援手，陆续向意大利、乌拉圭、阿根廷、俄罗斯等 20 余个国家，捐赠了包括 N95 口罩、一次性医用口罩、医用手套、防护服等在内的各类医用物资 100 余万件。

“一切都会好起来的。如果这不是一件好事，那就还不是终点。”在奇瑞发往意大利的救援物资上，不仅印上了中国和意大利两国国旗，还特意用意大利语写上了为他们加油打气的话。由于意大利疫情防控形势格外严峻，奇瑞将意大利列入了物资援助名单的第一优先级，不仅发去医用物资，还把国内的抗疫经验、奇瑞的防控举措汇编成“抗疫宝典”发给意大利经销商。当地经销商收到之后格外感动,形容就像拿到了“救命稻草”，表示要翻译成意大利语发给周围所有意大利人。

在继续毫不松懈地做好国内疫情防控的同时，奇瑞密切关注全球疫情发展状况，针对海外主要市场制定了疫情防控措施和预案，建立了主要重点市场的疫情防控微信沟通群，每日通报当地疫情情况和防控措施。奇瑞不仅连续向海外输送紧急物资和疫情防控经验，还尽最大努力提供

奇瑞向意大利等国捐赠物资。

人道主义援助。一些国家疫情发生初期缺少相关病情的诊疗经验，奇瑞积极牵线搭桥，帮助当地医院和中国定点医院建立联系，提供远程诊断和咨询。

面对此次新冠肺炎疫情对全球经济包括汽车行业带来的重大影响，奇瑞把全球汽车市场的“冻结期”视为提升内功的“蓄势期”，一手抓疫情防控，一手抓复工复产。

践行承诺，打响海外市场“保卫战”

对于加快推进全球化战略的中国品牌来说，如何应对全球性重大公共事件、应对全球经济一体化发展中的各种复杂变化，是今后一道需要常态化应对的课题。

在奇瑞看来，危机当中蕴藏着机遇。面对此次新冠肺炎疫情对全球经济包括汽车行业带来的重大影响，奇瑞把全球汽车市场的“冻结期”视为提升内功的“蓄势期”，一手抓疫情防控，一手抓复工复产，把自己的全球网络变成“联合作战编队”，打响了海外市场的“保卫战”。

奇瑞国际公司在针对海外主要市场做好疫情防控和预案的同时，又根据不同时期形势灵活地调整应对策略。疫情初期，当国内汽车市场按

中欧班列奇瑞号专列

奇瑞派遣埃及工厂帮助生产调试的工程师。

下“暂停键”时，奇瑞紧急加派人员奔赴海外各大区，一方面从海外紧急筹集医用物资驰援国内疫情防控，一方面抢抓机遇突围海外市场。随着海外疫情逐渐蔓延，奇瑞在有序组织海外工作人员分批撤离归国的同时，又组织派驻了一批业务牢靠的核心团队留守海外，稳定当地市场，帮助海外经销商、海外生产基地的合作伙伴开展抗疫和复工等工作，践行了“中国品牌”对海外用户的承诺。

在全球疫情最严峻的三四月份，奇瑞仍有近 40 名海外大区员工留守巴西、埃及、俄罗斯、沙特、阿根廷等国家，其中坚守时间最长的员工 200 多天未能回国探亲。这些留守海外的奇瑞员工，虽然面临着海外疫情形势日益严峻、短期无法回国的压力，依然想方设法克服困难，探索如何在复杂的环境下开展工作，成为坚守当地稳定市场、帮助海外合作伙伴共抗疫情的“逆行”勇士。

留守海外的奇瑞员工，虽然面临着海外疫情形势日益严峻、短期无法回国的压力，依然想方设法克服困难，探索如何在复杂的环境下开展工作，成为坚守当地稳定市场、帮助海外合作伙伴共抗疫情的“逆行”勇士。

巴西是此次受新冠肺炎疫情影响较为严重的国家之一，奇瑞巴西团队的成员全部居家隔离办公。奇瑞巴西工厂制造总监朱明刚、研发骨干辛加运等人，每天从早晨 6 点钟开工，之后就像装上了马达，要持续忙碌到第二天凌晨，大到新产品生产线改造策划，小到项目组人员工资发放，事无巨细，平均每人每天的工作时间超过了 16 小时。

奇瑞埃及工厂是少数尚未停工的海外工厂之一。为了保障新产品下线，需要在现有生产线不停线的前提下，利用生产间歇期“见缝插针”地增加共线生产的新项目。奇瑞从 2020 年 1 月份开始，陆续从国内制造工程院派出了焊装、涂装、总装等工艺工程师，深入埃及工厂“手把手”指导埃方进行项目改造和生产调试，顺利完成新产品下线任务。“逆行”出征的最后一批奇瑞工程师，直到 2020 年 4 月中旬才返程回国。

奇瑞在灵活应对海外疫情变化的同时，还抓紧时间细化海外市场研究，梳理未来销量规划和产品规划，加快新产品布局，提升产品品质，苦练内功等待疫情拐点的到来。20 年全球化深厚积淀，再加上应对疫情的责任担当和“中国智慧”，让奇瑞面对全球疫情的冲击实现逆势增长。2020 年，奇瑞控股集团出口汽车 11.4 万辆，同比增长 18.7%，连续 18 年保持中国品牌乘用车出口第一，在巴西、俄罗斯等市场的实销数据甚至创下近 5 年来的历史新高，进入了“国际国内双循环”相互促进的新发展格局。

2020 年，奇瑞控股集团出口汽车 11.4 万辆，同比增长 18.7%，连续 18 年保持中国品牌乘用车出口第一，在巴西、俄罗斯等市场的实销数据甚至创下近 5 年来的历史新高，进入了“国际国内双循环”相互促进的新发展格局。

从“走进去”到“走上去”，全球化发展的“奇瑞方案”

2020 年是奇瑞“走出去”开启海外出口的第 20 年，海外用户累计突破 170 万，连续 18 年位居中国乘用车出口第一。

在这场全球“抗疫之战”背后，是一整套从实践中探索而来的中国品牌推行全球化战略的“奇瑞方案”。事实上，奇瑞很早就制定了全球化“三步走”战略：2013 年以前，奇瑞以发展中国家市场为切入点，以出口贸易形式为主，让产品成功“走出去”。2014 年起，奇瑞开始“走进去”，积极布局巴西、俄罗斯等新兴国家市场，对当地工厂和经销渠道实施主动规划和管理，扎根当地“走进去”。从 2020 年起，奇瑞加快推动品牌“走上去”，完成包括欧美等主流市场在内的国际布局。

从“走进去”到“走上去”，奇瑞的一条重要经验是“因地制宜”推进属地化发展，融入当地文化，与所在国合作共赢，命运与共。一直以来，奇瑞在海外发展的过程中，希望给合作各方都带来利益，不仅把车带进当地市场，更希望与合作伙伴共享发展成果。奇瑞海外工厂在给当地创造更多就业机会的同时，也把奇瑞的一些先进技术、制造工艺和管理方式等带到当地，加快了当地汽车制造技术水平的发展。目前奇瑞在海外的汽车业务，主要利用当地的力量发展，基本在每个国家都有当地的合作伙伴，主要雇佣人员也是属地化员工。

奇瑞还通过深耕属地化营销，推动海外品牌建设进入新阶段。每进入一个海外市场之前，奇瑞都会深入研究当地的市场情况和消费者行为习惯等，并推出相应的营销举措，充分融入当地社会文化，不断提升品牌知名度、认知度和影响力。

奇瑞援助厄瓜多尔灾区重建。

在喜爱足球运动的南美、俄罗斯等地，奇瑞深入研究当地的足球文化，借力体育营销让品牌形象更受欢迎。2019 年初，奇瑞在厄瓜多尔与 Independiente del Valle（何塞特兰独立队）足球俱乐部正式签约，成为球队官方汽车赞助商。这是继智利、阿根廷、巴西、哥斯达黎加足球赞助后，奇瑞在品牌建设道路上的又一次成功探索。2019 年 11 月，何塞特兰独立队击败阿根廷科隆竞技队，在南美杯成功夺冠，为厄瓜多尔拿下了第一个南美杯冠军，也为奇瑞全球化体育营销再添佳绩。在俄罗斯，奇瑞签下了俄罗斯足球超级联赛传奇球星——谢尔盖・科尼连科出任奇瑞汽车在俄罗斯的品牌形象大使……这一系列营销举措，让奇瑞的海外形象得到进一步升级。

一直以来，奇瑞在海外发展的过程中，都把自己视为所在国经济社会发展的一分子，积极履行社会责任，支持当地救灾、环保、教育、民生等各类公益事业，践行中国品牌对当地用户、合作伙伴、社会公众的承诺。2010 年智利发生 8.8 级特大地震，奇瑞是国际社会救助中首个向智利地震提供援助项目的外国企业。2016 年厄瓜多尔遭遇 7.8 级大地震，除了向灾区捐助物资，奇瑞还与当地政府组织的儿童救援机构展开合作，为灾区儿童提供专项教育基金……奇瑞知行合一，生动诠释了人类命运共同体的思想内涵。

一直以来，奇瑞在海外发展的过程中，都把自己视为所在国经济社会发展的一分子，积极履行社会责任，支持当地救灾、环保、教育、民生等各类公益事业，践行中国品牌对当地用户、合作伙伴、社会公众的承诺。

中车株洲电力机车有限公司

车连世界 风雨同行

中车株机公司积极践行“正心正道，善为善成”的核心价值观，与全球合作伙伴携手打造抗疫复工命运共同体，用实际行动诠释“连接世界，造福人类”的伟大使命。

2020 年，新冠肺炎疫情席卷全球，人类面临共同挑战。习近平主席向全球发出“携手抗疫，共克时艰”的倡议。

疫情没有国界，世界各国是休戚与共的命运共同体。为积极响应国家号召，国务院国资委发动具有国际化经营的中国企业与业务所在国家同舟共济、守望相助，共同抗击疫情。

在这场没有硝烟的“战争”中，中国中车旗下中车株洲电力机车有限公司（下称中车株机公司）积极践行“正心正道，善为善成”的核心价值观，与全球合作伙伴携手打造抗疫复工命运共同体，一手共同抗疫，维护生命健康，一手践诺履约，稳定全球产业链和供应链，用实际行动诠释“连接世界，造福人类”的伟大使命。

慷慨捐赠，“好邻居”急人之急

中车株机公司肩负“一带一路”建设先行者的使命与责任，在疫情发生以来，主动伸出温暖的援助之手，为业务所在国家和地区提供防疫物资，积极履行企业的社会责任，当好文化“传译者”、人才“孵化器”、产品“推进器”、社区“好邻居”四种角色。

当地时间 4 月 24 日，中车株机公司向德国捐赠了一大批防疫物资。在捐赠仪式现场，德国红十字会米格施普雷地区协会会长言斯对媒体说：“感谢中国中车跨越国界的人道主义援助，这次慷慨捐赠，可以有效降低我们医护人员及身边所爱之人感染病毒的风险。”

言斯何出此言？这要从德国疫情暴发说起。

德国疫情暴发一个月后，防疫物资开始紧缺。言斯目睹了很多医护

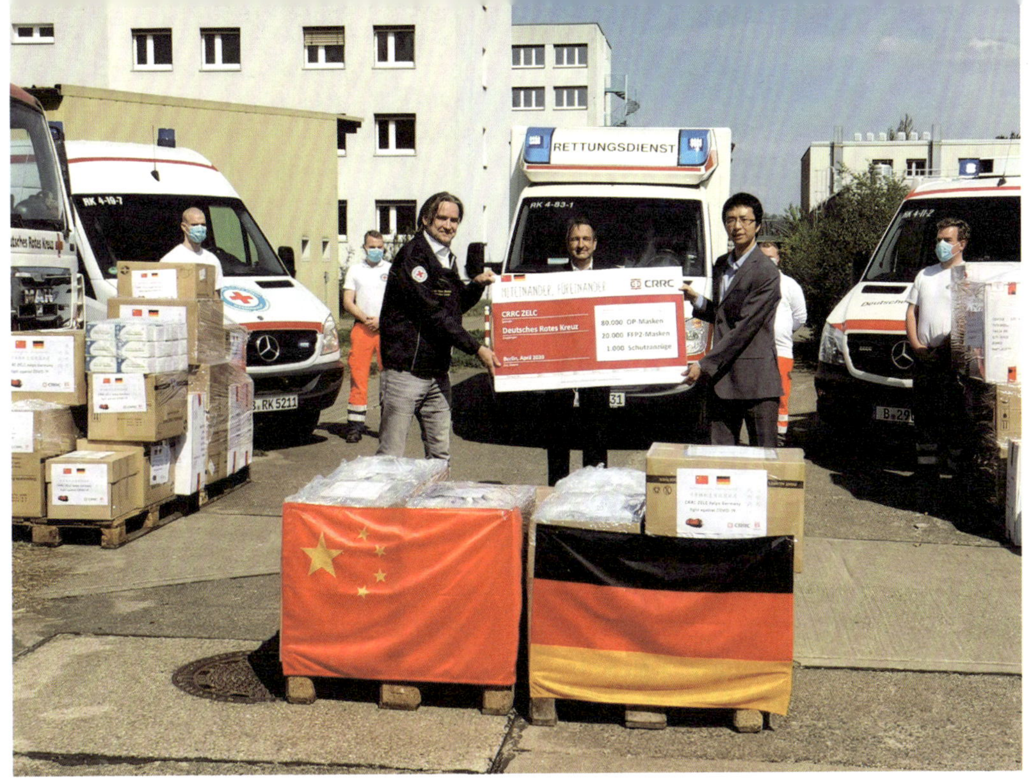

4 月 24 日，中车株机公司向德国捐赠防疫物资。

人员由于防疫物资紧缺窘迫的样子却无能为力。在他失望无助的时候，无意间看到中车株机公司向奥地利撒玛利亚慈善机构捐赠防疫物资的新闻报道，点燃了言斯心中的一线希望。

一番沟通后，一场跨越 8000 多公里的防疫物资捐赠行动在中德两国之间筑起爱的桥梁。

为了让防疫物资尽快到达德国，中车株机公司的捐赠团队克服物资报关和检验时间延长、航班减少等各种困难，先将物资运送至维也纳，再用卡车运至慕尼黑，完成清关和分装后，再继续用卡车运至柏林。

多方协调，几经辗转，三周后，1000 套防护服、2 万只 FFP2 口罩及 8 万只一次性医用防护口罩顺利交付德国红十字会。这批物资分配给了医疗前线的医护人员、志愿者，助力德国抗击疫情。

和衷共济、四海一家。在海外防疫形势不容乐观的时刻，中车株机公司积极支持国际抗疫，当好社区“好邻居”，沿着“一带一路”的合作之路，开展了一场又一场跨越国界的爱心行动。

在海外防疫形势不容乐观的时刻，中车株机公司积极支持国际抗疫，当好社区“好邻居”，沿着“一带一路”的合作之路，开展了一场又一场跨越国界的爱心行动。

几经辗转，防疫物资终于到达柏林。

“车连世界，风雨同行”，3 月 21 日，15 万只医用口罩、300 套防护服抵达奥地利，寄托着双方同舟共济、共渡难关的决心和信心。

“遇山一起爬，遇沟一起跨”，4 月 16 日，10 万只医用口罩抵达马来西亚，这是向马方捐赠的第四批防疫物资，也是双方患难与共、守望相助的情谊见证。

“德不孤，必有邻”，4 月 24 日，10 万只医用口罩、1000 套防护服抵达德国，从“中国加油”到“德国加油”，只为齐心协力战胜疫情。

……

跨越万里的爱，满载中车的情。

每一次的爱心捐赠就犹如一朵友谊之花，盛开在中外企业之间，更在当地媒体和民众心中泛起波澜。

奥地利新闻社、奥地利国家电视台、头条新闻社、我的社区新闻社等受捐助国家的当地媒体集中报道，称中国中车的物资捐赠是一种珍贵情谊，体现了中国企业积极融入当地、开展本地化可持续经营的真心，是对奋战在前线的奥地利医护人员最大的帮助。各国受捐助企业和单位更是纷纷发来感谢信，感谢中国企业在疫情期间不远万里的慷慨捐赠。

吉隆坡中车维保有限公司外籍员工哥彼对所在公司的防疫措施及物资援助感触颇深，他在写给企业管理层的一封邮件中说：中车株机公司

“车连世界，风雨同行”，“遇山一起爬，遇沟一起跨”，“德不孤，必有邻”，……跨越万里的爱，满载中车的情。

捐赠当日，奥地利国家电视台采访中国驻奥利地大使李晓驷。

7 月 31 日，马汀斯先生为中车株机公司录制生日祝福视频。

为我们提供免费的防疫物资和防护指南，有效保障了我们的身心健康和生命安全。我将尽我所能做好工作，感谢中车！

2020 年 8 月 1 日是中车株机公司建厂 84 周年纪念日，德国红十字会米格施普雷地区协会执行董事兼董事长马汀斯先生得知此消息后，还专门录制了生日祝福视频，感谢中车株机公司雪中送炭之情，祝福远方的朋友生日快乐，基业长青！

全球近 10 个国家和地区的防疫物资捐赠，价值近千万人民币的爱心款项捐助，中车株机公司付出的是真心，收获的是友谊！

践诺履约，助力稳定全球产业链

虽然受疫情影响，但中车株机公司作为全球轨道交通装备产业链供应链的重要一环，仍全力加速“一带一路”项目交付，助力稳定全球产业链供应链，用服务回馈客户，以行动践诺履约，靠信誉赢得尊重。

当地时间 2019 年 12 月 12 日，中车株机公司与土耳其交通部基础设施投资总局签订了伊斯坦布尔新机场线车辆采购合同。合同签订后，客户突然要求首列车必须提前于 2020 年 8 月交付。

按国际惯例，新造地铁首列车的交付周期通常不能短于 18 个月，而伊斯坦布尔新机场线首列车的交付周期仅有 7 个月，这意味着中车株机

虽然受疫情影响，但中车株机公司作为全球轨道交通装备产业链供应链的重要一环，仍全力加速“一带一路”项目交付，助力稳定全球产业链供应链，用服务回馈客户，以行动践诺履约，靠信誉赢得尊重。

公司的生产效率必须提升一倍以上。

为了满足客户需求，中车株机公司做出承诺，尽全力实现提前交车的目标。

项目团队开始辗转奔波于安卡拉、伊斯坦布尔之间，开展了长达八轮的沟通谈判。

春节临近，团队成员陆续回国推动项目进程，只有项目助理一人留守土耳其。为了尽快获得审批文件，1 月 22 日，项目助理与土耳其公司的两名当地员工迎着暴风雪的恶劣天气，驱车 400 多公里从伊斯坦布尔奔赴安卡拉，上演了现实版的“人在囧土”。

客户副总经理赛达尔先生见到他们很是惊讶：“你为什么还没有回中国过春节？”项目助理幽默地回答道：“我在等待您的批准，带上这份‘大礼’回去庆祝节日。”赛达尔先生听闻，当即签发了审批函。看到中车株

当地时间 2020 年 7 月 14 日，伊斯坦布尔新机场线列车下线仪式现场。

当地时间 2019 年 12 月 12 日，中车株机公司与土耳其交通部基础设施投资总局签订伊斯坦布尔新机场线车辆采购合同。

机公司的项目团队如此执着与敬业，赛达尔先生开始亲自推动项目执行。

然而，新冠肺炎疫情突然袭来，项目执行与沟通变得困难重重，原本紧张的交付周期更加紧张。

为了如期交付，中车株机公司的项目团队制定了“专项计划”：戴上口罩集中办公，室外站立商讨技术问题；每周工作七天，节假日无休，每日通过“工作日报”督促进展……凭借创新的项目管理方式、完善的地铁车辆研制平台、强大的供应链保障体系和强悍的项目执行团队，7 月 14 日，伊斯坦布尔新机场地铁首列车顺利“云下线”，创造了 6 个月实现新造地铁首列车下线的世界纪录。

列车下线当日，赛达尔先生致辞：“在全球疫情蔓延的严峻形势下，中国中车呈现了一个成功故事，展现了超强的履约能力。”那一刻，信任之花犹如一朵灿烂的郁金香，在亚欧大陆桥悄然绽放。

相似的故事也在南美洲上演。

墨西哥蒙特雷轻轨车辆项目是中国中车在墨西哥的首个项目，交货周期短、项目难度大，关键项点需要与客户现场讨论解决。但 2020 年 2 月，国内疫情走势尚无定数，远赴墨西哥会对客户造成极大困扰。

时任蒙特雷公共交通系统维保技术总监的卡洛斯先生，在多次电话会议中了解到中车株机公司的顾虑后说，蒙特雷人民相信中国政府的抗疫能力和战果，也相信中国央企对新冠肺炎疫情的防控力度。请务必打消顾虑，尽快派团队来墨推进项目进程。掷地有声的话语给团队成员吃了定心丸，一场说走就走的商务旅途就此开始！

凭借强大的履约能力，10 月 29 日晚，墨西哥蒙特雷轻轨列车在中车株机公司成功下线。墨西哥新莱昂州州长海梅·罗德里格斯在通过视频连线见证时说，今年新冠肺炎疫情全球暴发，中车株机人仍能如期履约，

7 月 14 日，伊斯坦布尔新机场地铁首列车顺利“云下线”，创造了 6 个月实现新造地铁首列车下线的世界纪录。

当地时间 2020 年 10 月 29 日，墨西哥蒙特雷轻轨列车在株机公司成功下线。

甚至提前交车简直令人不可思议，是你们的努力让梦想成为现实，相信未来双方会有更多的交流合作机会……

坚守一线，保障公众安全出行

连接世界，造福人类。作为全球轨道交通装备最大的供应商，中国中车的产品遍布全球 6 大洲、105 个国家，全球 83% 有铁路的国家都在使用中国中车的产品。

中国中车有近万名售后服务人员，在全球各地提供服务。新冠肺炎疫情期间，他们坚守岗位，为当地民众公共出行保驾护航，践行着“哪里有中车产品，哪里就有中车服务”的诺言。

中国新冠肺炎疫情暴发之初，新加坡尚未发生规模性疫情。看到中车株机公司的售后服务人员每天测体温、戴口罩，客户 Samuel 好奇地问：“中车的朋友，你们生病了吗，不觉得这样在车辆段里很另类吗？”在他们的常识里，只有生病的人才佩戴口罩。

疫情来势汹汹，只防护好自己人完全不够，只有双方都健康才是真的健康。听罢疑问，中国中车的售后人员耐心解释，边说边分享中国的抗疫视频给 Samuel 看，并主动拿出口罩给他。Samuel 思考良久后，接过口罩戴上并微笑着说：“看，大家一起戴，就不另类了。”

五洲四海，爱心相连。疫情期间，中国中车把海外员工的生命安全和身体健康放在首位，建立领导包保制，每日跟踪上报员工健康数据，帮助海外员工共克时艰。更进一步通过当地员工，将中国优秀的防疫措施及经验带回当地家庭，与业务所在国家和地区并肩抗疫。慢慢地，戴口罩的人多了，距离产生了，但心更近了。

用沟通跨越文化的高墙，用坚守筑牢合作的根基。在北马其顿，中国中车的动车组和机车承担了当地 80%以上的铁路运输重任。受疫情影响，前期回国休假的售后员工无法按期返岗替换，“留守”的人员则要面对车型检修复杂、维护压力大等各种挑战。

人手虽有限，但服务不打折。当工作模式变成居家值班后，售后人员始终与客户保持联系，及时掌握车辆状态，通过视频或电话连线指导客户维护检修。

4 月 28 日下午，距离当地规定的下午五点的宵禁时间仅剩十几分钟，中车株机公司驻北马其顿售后服务点接到客户的紧急电话，说有一列内燃动车组冷却液报低位，回库检查后未找到故障原因，希望中车株机公司的售后人员提供帮助。

考虑到宵禁，售后人员无法立即前往车辆段检查确认，因此与客户约定好第二天进段检查处理，希望对方事先将两侧车门打开通风并做好消毒工作。

为了杜绝交叉作业和直接接触，售后人员利用客户的午餐休息时间迅速检修，甚至趴在地板上、钻进地沟里，终于找到故障点并妥善解决，还在有限时间内完成了本该客户做的清灰清洁、排液加液等工作，圆满

疫情期间，北马其顿售后服务人员戴口罩准备作业。

完成了维修任务。

执着坚守，只为心中责任；默默奉献，保障安全运营。作为中国出口欧盟的首个动车组项目，运行五年来，中国造动车组极大提升了北马其顿当地民众的公共出行体验，多次在当地啤酒节、复活节等主题活动中精彩亮相，成为北马其顿一道靓丽的风景线。2016 年，这款“明星”产品登上北马其顿国家邮票，成为名副其实的“国家名片”。2017 年，作为“回头客”，北马其顿又向中国中车回购 4 台电力机车。

连接世界，环球传递温暖；造福人类，大爱无限延伸。秉承“打造人类命运共同体”理念，中国中车正积极对标世界一流企业，努力打造受人尊敬的国际化公司，与合作伙伴一道，让轨道交通为人类带来美好生活。

中国核工业二三建设有限公司

“人造太阳”装心脏 硬核品质显担当

国际热核聚变实验堆项目（ITER）凝聚着国际聚变界多年来的研究成果及技术力量，是目前全球规模最大、影响最深远的国际科研合作项目之一。它通过模拟太阳的核聚变反应，产生能量并实现可控利用，俗称“人造太阳”。它是全球核聚变人一代代接力奔跑，致力于照亮人类未来的终极能源梦想，对解决能源和环境问题，推动人类社会可持续发展具有极其重要的意义。

中国于2006年正式参与ITER计划。中核集团是ITER的重点支持单位之一，承担了ITER的一系列设备材料研制供货任务，并与国际原子能机构，法国、德国、俄罗斯等30多个国际组织和国家的科研机构、大学、企业建立了合作关系。

2019年9月，中核集团牵头组建的国际联合体正式与ITER组织签订了TAC-1安装合同，负责承担ITER最重要的核心设备安装工程，这是我国核能单位首次以工程总承包的方式参与国际大科学工程项目。该国际联合体由中国核电工程有限公司牵头，携手中科院等离子体物理研究所、中国核工业二三建设有限公司（下称中核二三）、核工业西南物理研究院，以及法国法马通公司参与组成。

2019年9月，中核集团牵头组建的国际联合体正式与ITER组织签订了TAC-1安装合同，负责承担ITER最重要的核心设备安装工程，这是我国核能单位首次以工程总承包的方式参与国际大科学工程项目。

中核二三是中国规模最大的核工程综合安装企业，是国际上唯一一家连续30余年不间断从事核电站核岛安装的大型企业，业务涉及核电工程及其产业链延伸市场的开发、经营、管理，常规岛、BOP（核电站外围设施）安装业务，以及核电技改与核退役业务，具有建安一体化能力、多项目管理能力、核电信息化能力、核电预制装配能力，建立了一套完善的核电工程管理体系。同时，注重风险管控和精益管理，在自动化、

ITER 全景。

智能化、可视化建设取得了丰硕的成果，形成了国际先进的核电品牌优势。截至目前，中国大陆在运核电机组 47 台，中核二三承担其中 40 台核电机组的核岛安装任务，最高峰可同时在建和筹建机组 27 台。

全球新冠肺炎疫情暴发以来，中核二三 75 名赴法员工排除万难先后分三批次“逆行”出征，防疫施工两不误，开展 ITER 最重要的核心设备安装工程，为世界经济稳定贡献中国力量。

全球新冠肺炎疫情暴发以来，中核二三 75 名赴法员工排除万难先后分三批次“逆行”出征，防疫施工两不误，开展 ITER 最重要的核心设备安装工程，为世界经济稳定贡献中国力量。

21 人“逆行”出征，战“疫”施工两不误

新冠肺炎疫情是近百年来人类遭遇的影响范围最广的全球性大流行病，对全世界是一次严重危机和严峻考验。而 ITER 项目事关全球，如何顺利完成项目工作，考验的既是中核二三的安装能力，更是管理能力。

面对来势汹汹的疫情天灾，中核二三发布《新型冠状病毒防控预案》，坚持预防为主、防控结合、依法依规、统一领导、快速反应、高效运作的原则，按照原有计划稳步推进 ITER 项目各项工作，一手抓疫情防控、一手抓复工复产。中核二三 ITER 项目部对全体员工的行程和身体状况实行“每日跟踪每日排查”；对即将赴法人员实行“双隔离”措施，即赴

ITER 组织总干事慰问“逆行”赴法的 21 名中核二三员工。

法前和抵法后均进行隔离观察，确保“零输出”；对国内即将复工人员根据其所在地情况和出行条件实行“居家办公”“到岗隔离”措施。

2020 年 4 月 8 日，中核二三首批 21 名赴法员工终于排除万难“逆行”出征，踏上了建设 ITER 项目的征程。

为切实做好疫情防控工作，中核二三 ITER 项目部制定了《境外项目疫情防控工作应急预案》，成立了境外项目疫情防控工作小组，并调配充足的防疫物资，确保满足项目部全员个人防护需求。中核二三从国内采购，向 ITER 组织捐赠了 2 万支一次性医用口罩，由 ITER 组织统一调配，用于 ITER 项目现场疫情防控。

此次逆行出征，受到人民日报海外版报道关注，在《逆行出征显担当、防疫施工两不误，中企全球战疫——为世界经济稳定贡献中国力量》的报道中提到“在海外疫情肆虐期间，中国企业不仅继续向当地提供多种援助，更坚守岗位、逆行出征，既抓防疫、也抢工期，为保障当地生产供应、稳定全球产业链做出积极贡献，其中，中核二三的 21 人团队，毅然出征卡达拉舍，助力打赢 ITER 项目建设首个攻坚战”。

在中核二三施工团队到达法国后的第二天，ITER 组织总干事伯纳

2020 年 4 月 8 日，中核二三首批 21 名赴法员工终于排除万难“逆行”出征，踏上了建设 ITER 项目的征程。

托克马克装置。

德·比戈前往 ITER 项目部生活营地，慰问“逆行”赴法的 21 名中核二三员工，他说：“ITER 项目是个长期而艰巨的项目，也是极具挑战的一个项目，在 ITER 没有什么不可能，在 TAC-1 工程，我们要把不可能变成可能。”

“ITER 项目是个长期而艰巨的项目，也是极具挑战的一个项目，在 ITER 没有什么不可能，在 TAC-1 工程，我们要把不可能变成可能。”

聚焦装置“心脏”，协同攻坚克难

杜瓦底座是 ITER 托卡马克装置“心脏”安装工作的第一个重大组件，是托卡马克装置所有重要设备的基础，承担着重要安全屏障作用，其安装精度、进度都对主体结构及重要部件安装产生重要影响。

为保障首个施工节点的顺利实现，中核二三通过网络办公软件提前组织国内外专题会议开展防疫、施工推演，分析疫情对项目施工任务的影响。针对工程进度、工作计划、开工条件、施工方案等施工先决条件，与前方 ITER 现场人员逐项梳理落实。

5 月 28 日，ITER 项目终于迎来了 TAC-1 工程第一个节点——杜瓦底座吊装，其起吊重量和安装精度都打破了中国核能行业大件设备吊装的记录。为确保安装工作万无一失，中核二三施工团队提前进行了充分的施工技术准备和演练，组织召开施工专项梳理会，从设备机具、材料进场、技术文件、现场施工等各方面进行反复的梳理、规划。

最终，重达1250吨的杜瓦底座平稳落位于托卡马克装置基坑内临时支撑上，拉开了ITER主设备安装的序幕。

这是中核二三在疫情严峻时期“逆行”法国，“核”力取得的重要阶段性成果，此次吊装工作得到ITER组织的高度重视，伯纳德·比戈在吊装现场的讲话中充分肯定了此次吊装的各项准备工作。

面对紧张的施工任务和严峻的疫情形势，中核二三每名员工都充分展现出核工业人艰苦奋斗、顽强拼搏、无私奉献的精神，发挥了二三“铁军”敢打敢拼的优良作风，用实际行动成为外国同事眼中勤奋、严谨、负责的“代名词”。

7月28日，ITER计划重大工程安装启动仪式在法国南部ITER现场B13组装大厅举行。国家科技部部长王志刚通过视频连线宣读了国家主席习近平的贺信，法国总统马克龙通过视频进行致辞，中核二三员工林祖煌代表中核集团联合体全体建设者受邀上台参加仪式，ITER称赞包括中核集团联合体建设者在内的ITER全球团队，“像你们这样的人正在一起努力使ITER成为现实。”

面对紧张的施工任务和严峻的疫情形势，中核二三每名员工都充分展现出核工业人艰苦奋斗、顽强拼搏、无私奉献的精神，发挥了二三“铁军”敢打敢拼的优良作风，用实际行动成为外国同事眼中勤奋、严谨、负责的“代名词”。

杜瓦底座到达B13组装大厅。

ITER项目杜瓦底座吊装。

ITER项目杜瓦底座吊装。

在参与ITER项目过程中，中核二三将硬核品质贯彻到底，以最高标准确保工程进度。

用行动兑现承诺，彰显中国硬核品质

ITER项目的复杂程度和技术难度都超过了已经大量建造运行的裂变反应堆，安装工程也没有成熟的经验可以直接借鉴，在参与ITER项目过程中，中核二三将硬核品质贯彻到底，以最高标准确保工程进度。

ITER气体注入系统复合管道是中方承担ITER气体注入系统采购包任务的一部分，其主要功能是为核聚变装置的运行和控制提供燃料气体和杂质气体，为中性束系统和弹丸注入系统提供工作气体。其中燃料气体管道由55个管段组成，中性束管道由17个管段组成。该系统管道具有内部结构复杂且真空级别高的特点，对项目管理、生产制造及包装运输都提出了较高要求。

6月29日，由中核二三承担生产制造的ITER气体注入系统复合管道首批17件产品到达法国ITER现场并经包装检查、开箱检查、三维尺寸抽检，均满足ITER组织相关要求，顺利通过现场验收。

随着工期进展的不断推进，中核二三施工团队迎来了ITER项目第

ITER计划重大工程安装启动仪式在法国南部ITER现场举行。

二个重要节点——杜瓦下筒体吊装。杜瓦下筒体直径 30 米，高 10 米，重约 400 吨，尺寸大约占 ITER 托卡马克装置的三分之一，是杜瓦底座成功吊装后又一重大形象节点。杜瓦下筒体吊装成功后，后续的下冷屏、重力支撑、中心螺线管安装等重要安装工作才能够相继展开。

然而就在杜瓦下筒体吊装前，法国疫情形势变得更加严峻，面对此情况，中核二三 ITER 项目部严格执行《ITER 项目部（海外）新型冠状病毒防控预案》，减少员工和外界人员的非工作接触，部分管理人员实行居家远程办公，从制度和物资供应上有力确保疫情得到控制。

在确保疫情可控后，所有员工将全部精力投入到杜瓦下筒体安装的准备工作中。杜瓦下筒体结构在吊装过程中容易产生变形情况，并且吊装路径上已经装有其他物项，这些关键因素均对吊装提出了极高的技术要求。中核二三 ITER 项目部技术小组与业主反复进行计算确认，对吊具的尺寸、现场吊装路径，以及用于就位调整的工具进行反复模拟，在理论上确保了吊装安装工作的安全。

8 月 31 日，经过长期的周密部署和充足准备，在实际吊装和就位过程中，中核二三施工人员反复地组织检查风险位置，ITER 托卡马克装置第二个重大部件杜瓦下筒体吊装工作在万众期待中圆满完成，这也是中核二三施工团队在法国“带疫解封”严峻形势下完成的第二个重大节点和重大安装任务。

中核二三自承担 ITER 项目主机安装任务以来，始终用汗水和智慧秉承“责任、安全、创新、协同”核心价值观，彰显出中核二三作为大国央企的硬“核”品质，诠释着新时代中国核工业精神。二三“铁军”在异国他乡用双手激活太阳“心脏”，用心守护光明的种子，用坚韧和努力使 ITER 计划一步步变为现实。

2019 年，中核二三承建的纳米比亚湖山铀矿项目 CC003 标段工程荣膺鲁班奖，这是中核二三荣获的第一个境外工程鲁班奖，极大肯定了中核二三在海外项目建设中的实力。

未来，中核二三将继续发挥工程建设领域的经验优势，发挥中核集团科研创新和工程建设等优势，与国际同行齐心协力，保质保量完成任务，为“人造太阳”顺利推进贡献中国智慧和中国力量。

中核二三将继续发挥工程建设领域的经验优势，发挥中核集团科研创新和工程建设等优势，与国际同行齐心协力，保质保量完成任务，为“人造太阳”顺利推进贡献中国智慧和中国力量。

中国联通国际有限公司

联通世界 让爱生长

新冠肺炎疫情发生以来，中国联通国际有限公司（下称中国联通）第一时间就境外应对防范和通信保障工作进行了安排部署，迅速形成了全面动员、全面部署、全面加强防控的格局，确保国际网络服务畅通，及时为用户提供数字化战“疫”支撑，依托新技术优势和大平台优势，通过信息聚合、数据共享，为全社会资源调配、物资流转、网上办公等提供重要的支持作用，以敏捷的行动助力打赢疫情防控阻击战。

疫情发生后，中国联通迅速研究应对疫情的各种解决方案，仅用5天时间便推出“热成像人体测温解决方案”“云视频会议”“大数据疫情防控行程查询助手”等多个防疫抗疫解决方案。

转危为机，创新防疫抗疫解决方案

疫情发生后，中国联通迅速研究应对疫情的各种解决方案，仅用5天时间便推出“热成像人体测温解决方案”“云视频会议”“大数据疫情防控行程查询助手”等多个防疫抗疫解决方案。

中国联通热成像人体测温解决方案为疫情企业各大场景提供体温检测、预警和筛选服务。

中国联通全球服务团队还把国内疫情防控中表现出的中国速度、中国科技、中国全力抗击疫情的决心传递到境外朋友圈。中国香港、德国等团队仅在 2 ～ 3 天时间内便向客户交付了“热成像人体测温解决方案”；主动为在港企业提供行业短信免费使用包，方便各企业在防疫期间进行员工关怀、疫情通报和零售行业的客户沟通；为重点客户提供免费“云”网智能接入服务资源包，协助客户实现网络办公接入，快速部署视频会议应用。中国联通迅速有力的专业支持获得境外客户高度认可。

此外，在公众国际漫游服务方面，中国联通推出了多项便民举措，对全球主要漫游方向包天产品的流量每天达到 1G，实现资费日封顶。在中国香港推出 3 款大流量组合优惠数据包，最大限度满足用户在家办公期间的工作和生活需要，确保用户不会因为流量不足而停机，并及时推出各类居家生活的优惠用户权益，为抗击疫情提供温暖助力。

同时，中国联通积极做好境外公益通知服务，通过短信、社交媒体平台等渠道向全网用户发布防疫提醒，并为旅行用户提供协助热线，充分体现了运营商在紧急事件中的担当与责任。

中国联通根据疫情变化，密切关注所在国家和地区疫情发展情况，不断完善境外疫情防控指南和应急预案，确保国际网络畅通和安全。

责任担当，保障国际网络服务不间断

在疫情肆虐的日子，不管是远隔万里的千家万户，还是政府和企业机构，都需要畅通的信息沟通。中国联通根据疫情变化，密切关注所在国家和地区疫情发展情况，不断完善境外疫情防控指南和应急预案，确保国际网络畅通和安全。针对疫情相对严重的地区，根据当地政府防疫政策要求，在合法合规前提下，将疫情不利影响减到最低，确保网络通信不中断，客户服务不中断。

疫情期间，中国联通主动对接境外当地政府，坚守境外岗位，并充分利用线上方式与客户沟通，为客户提供应急联系方式，同时迅速完成中国联通 VPN（虚拟专用网）账号安装和试用，在创造居家办公条件的同时，保障 7×24 小时响应客户升级，保障服务不间断、质量不打折。此外，聚焦客户行业情况与疫情下的特殊需求，打开思路挖掘可能解决客户燃眉之急的服务，帮助客户解决实际困难。

湖北境内因交通受阻，国际业务修复困难重重。国际客服第一时间

中国联通热成像人体测温解决方案为企业打造一体化战“疫”补给包。

同抗疫，一条心，在这场抗击新冠病毒的战“疫”中，联通国际人始终和“走出去”中资企业站在一起，保障全球客户通信网络畅通。

与客户沟通，努力做好客户安抚和解释工作。中国联通践行集团公司“一切为了客户、一切为了一线、一切为了市场”的服务理念，并以“OSCAA”作为企业文化关键词，即“开放，拥抱世界；学习，永远争先；协同，同心追梦；敏捷，高效就是价值；担当，使命必达。”同抗疫，一条心，在这场抗击新冠病毒的战“疫”中，联通国际人始终和“走出去”中资企业站在一起，保障全球客户通信网络畅通。

强化运营，提升数字化能力满足多场景远程需求

由于业务地域分布广泛和发展需要，中国联通的移动办公应用已经非常普遍，很早就搭建了迅捷的移动办公支撑体系，覆盖了 PC（个人电脑）、PAD（平板电脑）、手机三类使用场景，员工全部具备远程办公的经验和意识，全球员工随时随地全在线，达成高效工作。

为保障公司各项工作在疫情期间顺利开展，中国联通推出各类线上化工具解决疫情期间运营管理的问题，提升企业管理运营数字化应用能力。

疫情初期，中国联通仅用 3 天时间，自主开发完成员工“健康打卡”应用。同时，扩容电话会议系统和企业办公网络，确保线上数字化沟通顺畅。还采用大数据技术及时掌握员工远程办公情况，针对性发布远程办公指引，引导员工远程高效工作，助力打赢这场没有硝烟的战“疫”。

传递爱心，奉献社会助慈善

中国联通时刻关注疫情在境内和境外的蔓延情况，以及在疫情环境下的社会变化，秉持“人类命运共同体”的理念为全球抗击疫情做出贡献。在新冠肺炎疫情初期，中国联通敏捷响应，发挥全球布局的优势，调配资源助力国内抗疫；当境外疫情形势升级后，中国联通又积极承担企业境外社会责任，展现了央企的国际社会责任担当。

中国联通积极组织人力物力进行防疫物资全球购，全力协调日本、韩国、新加坡、澳大利亚、缅甸、欧洲等多个海外分、子公司支援国内抗疫。涓涓溪流汇江海，首批10万只口罩集装箱于2020年2月4日启程支援湖北，向冲锋在前、无私奉献的一线医护人员致以关怀。

香港公立医院防护物资出现紧缺状况，中国联通在自身物资紧张的情况下，迅速组织各大海外公司调动资源，竭尽所能为香港一线医护人员提供支持和帮助，在短短半个月内成功调配逾2600只医用口罩，分别捐赠给玛嘉烈医院、东区尤德夫人拿打素医院、律敦治医院及玛丽医院。

同时，中国联通助力“香港妇女动力协会”与“工联会地区服务处”，联合举办“家家有脑，网上学习”爱心助基层慈善活动，作为电信运营

中国联通时刻关注疫情在境内和境外的蔓延情况，以及在疫情环境下的社会变化，秉持“人类命运共同体”的理念为全球抗击疫情做出贡献。

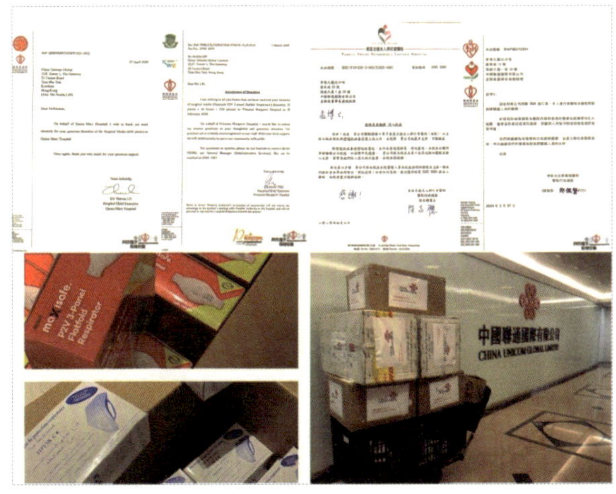

中国联通积极支援海外一线医护人员，为医院捐赠抗疫物资获感谢。

中国联通举办"家家有脑，网上学习"爱心助基层慈善活动，积极奉献服务社会。

中国联通按照"就地做好防控，最安全、最有效"的原则，督导员工做到不流动、不聚集、不输入。

商协助提供了联通国际 CUniq 公益版学神卡和平板电脑，帮助部分没有有线宽带及学习用终端设备的低收入家庭学生解决实际问题。为本次慈善活动，中国联通快速开发定制产品，与相关慈善机构齐心合力，积极奉献服务社会。

韩国疫情加剧期间，中国联通积极响应中国驻韩大使馆和韩国中国商会事务局发出支援韩国的倡议，助力在韩国华人，特别是留学生群体抗击疫情，紧急协调 5000 只防疫口罩，通过第三方公益平台捐赠给百名在韩中国留学生。

加强关怀，保障员工安全健康

中国联通按照"就地做好防控，最安全、最有效"的原则，督导员工做到不流动、不聚集、不输入。全力做好防疫物资保障，确保防疫物资储备保障充足，及时运送到位。加强对员工的关心关爱，关注员工心理健康状态，多次组织防疫抗疫和心理健康培训讲座，指导员工以科学务实的态度应对疫情，引导员工科学防疫。充分利用互联网化方式进行团队建设，充分使用线上培训方式学习蓄能，打造持续学习型组织。

同时，中国联通加强与当地使馆沟通，加强与当地中资机构的协同配合，积极建立互助机制，及时对困难员工进行帮扶，予以支持。中国联通境外员工按照中国联通集团公司和当地政府的防疫工作指引，有序安排工作和生活。

疫情期间，中国联通整体服务水平稳定，7×24 小时响应客户不间断，充分保证服务畅通及质量。疫情期间移动业务热线接通率为 98.24%，客户满意度为 97.09%。

联通永在线，关爱不停歇

疫情期间，中国联通整体服务水平稳定，7×24 小时响应客户不间断，充分保证服务畅通及质量。疫情期间移动业务热线接通率为 98.24%，客户满意度为 97.09%。数据业务售后服务质量不打折，服务经理、质检培训、割接管理等岗位均远程办公，所有 KPI 指标（关键绩效指标）运行平稳。

中国联通在国内防疫物资短缺时期，为国内抗疫累计支援了 110 万副口罩及其他防疫物资；当国外疫情肆虐时，又积极组织物资采购支援国外的防疫工作，向其他国家捐赠抗疫物资和捐款逾 8 万元，抗疫温情关怀覆盖超过 120 万人次。中国联通提供快速、优惠、丰富、稳定的创新专属服务，助力社会各界防控疫情工作的顺利推进。中国联通抗疫的脚步从未停歇。

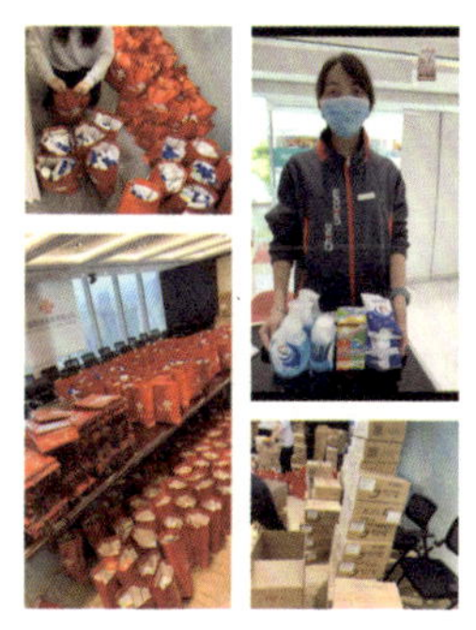

关注全球员工身心健康 加强关心关爱。

中国电建集团国际工程有限公司

大疫之下：属地抗疫点亮“命运共同体”

中国电建本着“一视同仁、生命至上”的抗疫价值理念，不仅保障着4万多名海外中方员工和8万多名属地化外籍员工的生命安全，更以共同抗疫、共克时艰、守土有责、守土尽责的态度，携手海外属地所在国政府和当地民众，全面开展了一场疫情防控的全球战役。

海外新冠肺炎疫情在多地暴发，中国电力建设集团有限公司（下称中国电建）率先响应中国政府和属地政府的防疫政策，在总部统筹部署下，就地打响企业防疫战，保证中外员工的安全和企业内部的稳定；疫情持续蔓延，中国电建率先走上街头、走进学校和社区，通过捐助抗疫物资、宣扬科学抗疫知识，用“中国方案”硬核支援属地疫情防控行动；疫情持续发酵进入持久战，中国电建第一时间同当地政府积极沟通，搜集疫情信息，全方位评估，在最恰当的时机，最先开始有效、安全和形式多样的复工复产，为后疫情时期恢复社会秩序、强化抗疫胜利的信心播撒下一颗颗希望的种子。

作为“一带一路”排头兵，中国电建本着“一视同仁、生命至上”的抗疫价值理念，不仅保障着4万多名海外中方员工和8万多名属地化外籍员工的生命安全，更以共同抗疫、共克时艰、守土有责、守土尽责的态度，坚定信心携手海外属地所在国政府和当地民众，全面开展了一场疫情防控的全球战役。

留下，与海外员工守望相助

3月，意大利的新冠肺炎疫情急速恶化。中国电建意大利吉泰公司发现自己已置身于疫情的旋涡。面对突如其来的疫情和地区恐慌，与电建其他453个驻外机构和650多个海外项目一样，吉泰公司坚定响应党中央、国务院国资委“稳在当地、稳住人心”的要求，就地开展属地疫情阻击战。

在得到封城消息之际，吉泰公司连夜联系，迅速补充采购了部分生活物资，即便如此，由于都灵当地的供需矛盾及物流配送困难等问题，物资依然非常紧张，公司于是千方百计寻找采购渠道。“公司非常关注我们每位员工的生命安全，借鉴中国经验，给我们配备了防疫物品，耐心劝导所有员工戴口罩、测体温、科学地进行防护”，当地员工 Yenisleidy Rendón Vigil 说。

防疫和生活物资的紧缺，是疫情突发早期中国电建绝大多数项目部所面临的共同困境。虽然因所在国经济水平、物资供应和政府反应差异，物资匮乏程度有所不同，但所有项目部无一例外都做到了一点——中国籍员工与海外雇员在防疫物资发放上享受同等待遇。不仅如此，在一些国家，在尊重当地文化风俗习惯并充分考虑当地实际困难的基础上，很多项目部还对属地员工提供了额外的照顾和福利。

虽然因所在国经济水平、物资供应和政府反应差异，物资匮乏程度有所不同，但所有项目部无一例外都做到了一点——中国籍员工与海外雇员在防疫物资发放上享受同等待遇。

在孟加拉国，斋月适逢疫情封城，中国电建达舍尔甘地污水处理厂建设项目部本着尊重当地风俗的原则，紧急为孟方员工建造了专门营地，提供食宿和补贴等，并在开斋节采购了足够的牛羊肉、水果、饮料、饼干等慰问品，按班组及时发放给全体 145 名孟方员工并进行了慰问。这一举动不仅让孟方员工深受感动，项目的当地业主和分包商获悉后，也专程向项目部表达敬意和谢意。

刘境有是中国电建中老铁路项目一名老挝籍的翻译人员，疫情暴发后当地政府执行 3 个月的隔离政策，无法返回项目部的刘境有愁眉不展。

中国电建达舍尔甘地污水处理厂建设项目部当地员工庆祝开斋节。

不能返回岗位意味着没有收入，一家七口的生计面临严重困难。得知消息后，项目部研究决定为所有类似情况的属地员工办理长假手续，休假期间工资照发，直至封城结束。

在大力采购生活与防疫物资的同时，中国电建各区域总部、国别代表处和项目部三级联防，果断采取有效措施降低员工感染率，为阻击和稳定所在国疫情初期发展态势做出了积极贡献和良好示范。

在中西非，中国电建喀麦隆代表处积极应对，第一时间向驻喀成员企业印发了疫情防控工作方案，并成立防控领导小组，落实首要责任人，建立疫情防控联络机制；在中东，科威特代表处把疫情防控作为最重要的工作，将保障广大职工群众的身体健康安全视为头等大事，各在建项目实行“网格化管理”，统筹调配资源；在美洲，阿根廷高查瑞光伏项目部组织开展了关于新冠肺炎疫情防控的培训，大大提高了当地员工的对疫情严峻性和防控重要性的认识，为做好疫情防控工作奠定了基础……

“我妈妈认为我真的很幸运，在这个艰难的时期，我是中国电建的一分子，并因此得到了各方面的帮助和保障。”

“我妈妈认为我真的很幸运，在这个艰难的时期，我是中国电建的一分子，并因此得到了各方面的帮助和保障。”来自欧亚区域波黑优乐高项目部的当地雇员米尔萨这充满自豪感的一席话，是与中国电建在疫情中守望相助后，绝大多数外籍员工对企业态度的高度概括，而中国电建的品牌“担当”，远不止如此。

携手，全力助力当地抗疫

4 月 29 日，中央电视台新闻频道报道了中国电建驻菲律宾代表处向所在的吕宋岛贫困社区捐赠 5 吨大米、600 斤鸡蛋等生活物资的新闻。新闻画面中，领取援助物资的菲律宾民众对着镜头不断通过竖大拇指、双手合十等动作，以及自发举起写有感谢中国电建标语的横幅等方式表达内心的谢意。

像菲律宾代表处这样的行动在中国电建很多海外机构、海外项目纷纷上演：

中国电建印度鼓达燃煤电站项目部举办了“和衷共济，共克时艰”活动，向鼓达地区返乡劳工隔离中心捐赠了 3000 公斤大米、3000 公斤土豆等生活物资，得到当地媒体的广泛报道。

中国电建刚果(金)宗戈2项目部深入当地学校和社区,搭建防疫“公益大篷车”。通过张贴着防疫宣传海报的“大篷车”,“走街串巷”地播放法语和当地语版的防疫宣传广播,覆盖了项目所属区域常住人口7000多人的乡镇和村落。此外,项目还通过公益课堂的方式让当地居民了解新冠肺炎疫情的防护知识。此次志愿活动的负责人表示,为了此次活动,宣讲团队已经准备了一个月,组织中方和当地员工将国内传来的有关疫情防控的资料进行翻译和编辑,制作了宣传海报和广播。“我们想通过这样的活动,帮助他们减少恐慌,了解正确的防疫方法”。

中国电建老挝代表处向老挝公共卫生部捐赠1.5亿老挝基普,用于支援老挝人民抗击疫情。老挝公共卫生部部长本贡在捐赠仪式上表示,此次捐赠对于老挝政府和人民无疑是雪中送炭,相信在中老双方的共同

防疫大篷车。

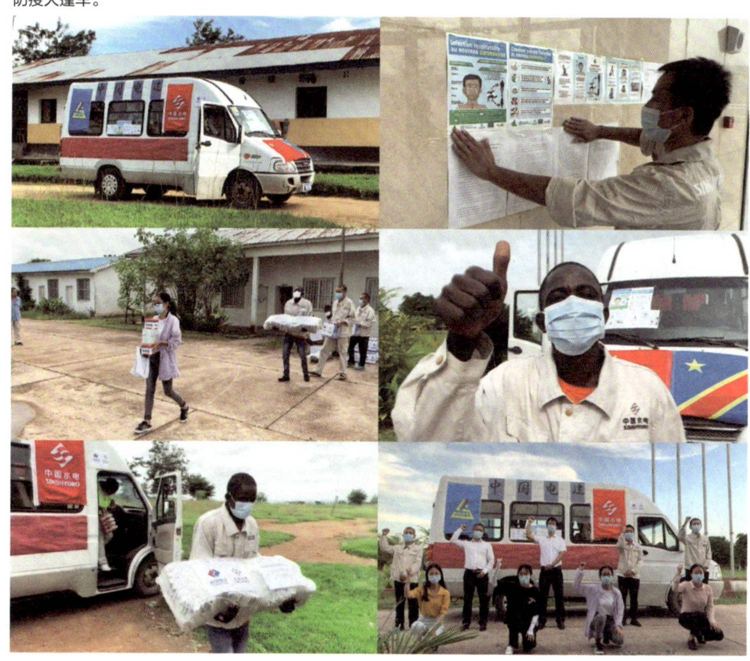

中国电建刚果(金)宗戈2项目部深入当地学校和社区,搭建防疫“公益大篷车”,“走街串巷”地播放法语和当地语版的防疫宣传广播,覆盖了项目所属区域常住人口7000多人的乡镇和村落。

努力下，一定能够取得抗击疫情的胜利。

中国电建赞比亚下凯富峡水电站项目为当地员工提供疫情津贴，还配发了防疫和生活物资，并通过发放报纸、配置音响设备等方式，帮助当地职工及时了解疫情信息和时政消息，稳定了当地员工队伍，提升了他们的幸福感和归属感。项目员工还共同创作了抗疫歌曲《伸出我们的手》并由当地著名歌手演唱，这些举措得到了赞比亚电视台、广播电台等当地媒体的广泛关注和报道。

尼日利亚尼日尔州政府秘书长 Ahmed Ibrahim Matane 动情地说道："在灾难面前，中尼传统友谊再一次得到了印证，感谢中国电建在疫情中施以援手。"

在中国电建尼日利亚宗格鲁项目部，联合中国土木等多家中资公司举行的"携手抗疫、命运与共"捐赠仪式上，面对包机从中国运来的 5 万多只医用口罩、1000 双医用防护手套，以及防护服、护目镜、电子红外测温仪等物资，尼日利亚尼日尔州政府秘书长 Ahmed Ibrahim Matane 动情地说道："在灾难面前，中尼传统友谊再一次得到了印证，感谢中国电建在疫情中施以援手。"

在厄瓜多尔，中国电建以中资企业商会会长单位名义，联合驻厄中资企业向厄瓜多尔国家紧急委员会捐赠了医用口罩、防护服和防护手套等 60 箱当地急需的防疫用品。厄瓜多尔外交部长对中国电建和中资企业商会的捐赠表达了最真诚的感谢。新华社西语频道，厄瓜多尔外交部、卫生部，中国驻厄大使馆推特对捐赠活动进行了报道。

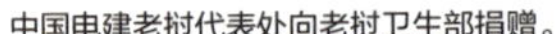
中国电建老挝代表处向老挝卫生部捐赠。

大坝封顶。

张贴疫情防控基本知识中英文版。

设点排查。

转子调转。

3月之后，阿联酋的疫情形势日益严峻，主要防护物资如医用口罩的供给压力日益增大，中国电建中东北非区域总部第一时间与阿联酋卫生部联系对接口罩机捐赠事宜。在全球口罩生产设备高度短缺的背景下，中东北非区域总部最终选定了双方均认可的口罩机生产厂家，并安排即将赴阿的中方员工在厂家接受技术培训，协助阿方进行设备组装和调试。此次“硬核”捐赠获得了阿联酋和国内媒体的多次报道与高度评价。

而在赤道几内亚，中国向该国提供的首个医疗援助项目——新涅方医院的援建工作，也由中国电建全面承担。该项目主要建筑包括急诊楼、传染病楼、医技楼、住院楼和后勤楼等。目前，项目正在进行开工前的筹备工作，部分设备和机械已陆续进场。这一综合性医院建成后将有效改善当地民众的就医条件，推动当地医疗卫生体系发展。在此特殊时期承接这一援建任务，彰显了中国电建勇于承担国际抗疫重任的担当和品牌实力。

在赤道几内亚，中国向该国提供的首个医疗援助项目——新涅方医院的援建工作，也由中国电建全面承担。在此特殊时期承接这一援建任务，彰显了中国电建勇于承担国际抗疫重任的担当和品牌实力。

为当地职工购买生活物资。

中国电建等中资企业向厄瓜多尔捐赠抗疫物资。

“实际上在疫情暴发后，只有少数项目完全停工，绝大多数项目都在不同程度的运行当中，而全面复工复产，是基于周密的疫情防控体系和完善的应急处置应对措施。”

复工，属地播撒希望之光

在海外疫情防控陆续进入常态化后，中国电建的海外抗疫也进入了积极复工复产阶段。

“实际上在疫情暴发后，只有少数项目完全停工，绝大多数项目都在不同程度的运行当中，而全面复工复产，是基于周密的疫情防控体系和完善的应急处置应对措施。”正如这位电建国际疫情防控专项办公室的工作人员所说的那样，中国电建所有在建项目都建立了疫情突发事件应急预案并多次进行演练，从集团总部到各区域总部、国别代表处，以及项目所属子企业，上下多方高效联动，信息畅达快速反应，统一协调保障防疫资源，不定期组织对在建项目的全覆盖视频巡检、指导，确保防控措施到位。坦桑尼亚阿鲁沙新供水系统项目的当地员工哈比布欣然接受项目部的安排，与项目中方员工一起工作生活，认真执行项目部“网格化管理”的防疫要求，为做好“外防输入、内防扩散”做出了表率。

在国际疫情让人无比担忧的同时，中国电建各类海外项目捷报频传——巴基斯坦巴沙大坝项目、马来西亚白金高架高速公路项目、赞比亚凯里巴和凯布韦共400MW光伏发电项目、哥伦比亚波哥大USME医院项目等振奋人心的签约喜讯不时传来；中老铁路中国电建承建标段站前土建全部主体工程顺利完成；被誉为“世界第一井”的赞比亚下凯富峡水电站调压井滑模混凝土施工完美收官……

中国电建在海外各地的复工复产项目，也得到了属地所在国和中国驻外使领馆的频频点赞和大力支持。塞尔维亚副总理佐拉娜·米哈伊洛维奇在中国驻塞尔维亚大使陈波陪同下，视察了中国电建承建的贝尔格莱德绕城公路项目，并在随后的新闻发布会上对3500多名电建员工的坚守岗位和疫情发生以来中国电建的多次捐赠表达谢意。

截至2020年底，中国电建已陆续推动179个海外停工项目复工。这组数字背后，是数以万计中国电建海外建设者们战胜自我响应号召、逆行担当勇敢尽责的体现，更是无数海外员工收入的保障、家庭生计的保障、健康安全的保障，以及中国电建所有中外员工守望相助、同心抗疫、心手相牵，对战胜这场灾难性疫情的坚定信心。

截至2020年底，中国电建已陆续推动179个海外停工项目复工。

目前，经过千难万难，用尽一切办法，中国电建的海外全球抗疫取得了阶段性成果，科学的防疫措施、充足的物资保障、有条不紊的带疫复工凝聚起来的是中外员工对企业的认可与忠诚，正如很多当地员工所说：“此刻，身在一家中国的中央企业我是幸运的，身在中国电建我是幸运的！”

中国电建的海外抗疫行动仍在继续，在强烈的企业社会责任意识驱使下，中国电建勇于担当，扎根海外，躬耕于属地化发展，与当地和谐共赢，积极践行“人类命运共同体”理念，已赢得了越来越多的外籍员工、所在地民众和政府的高度认可，在抗疫的特殊时期，在全球范围内树立了良好的中国中央企业国际品牌形象。中国电建作为“一带一路”建设的主力军，将以奉献清洁能源、绿色环境和精品工程为己任，塑造具有全球影响力和卓越价值的中国中央企业国际品牌，为中国中央企业的国际化发展，为人类社会的可持续发展贡献力量。

陕西汽车控股集团有限公司

沙特港口的“中国速度”

沙特阿拉伯吉达港中的陕汽偏置码头车。

沙特阿拉伯王国是阿拉伯半岛最大的国家，它古老、神秘又令人神往。1988 年，陕汽随着“延安牌”越野汽车登陆中东，从此与沙特阿拉伯结下了不解之缘，这同时也是陕汽第一次登上国际舞台。30 多年后的今天，伴随着中国“一带一路”倡议不断推进，中国和沙特阿拉伯在政治、经济、文化等方面的关系不断深化，贸易往来日趋密切，今天的陕汽也已成为中东地区中国高端重卡的引领者，在沙特阿拉伯，陕汽更是建立了以卡车组装厂为核心辐射整个中东的产业布局。

吉达港是位于沙特阿拉伯西海岸中部吉达市的一个港口，濒临红海，是沙特阿拉伯最大的集装箱港，也是世界上最繁忙港口之一。2019 年 12 月，陕西汽车控股集团有限公司（下称陕汽）联合上海振华重工共同拿到了吉达港 50 辆偏置码头车的订单，在 2020 年年初，这批车就已抵达吉达港。但就在此时，新冠肺炎疫情在中国全面暴发，国内开始了全面封禁的状态，大多数交通工具暂停服务。

为保障港口车辆的正常运营，提供产品全生命周期的贴心服务，陕汽服务团队工程师何成伟和李友星赶在国际航班禁飞前出发，在抵达沙特吉达并进行了两周的自我隔离后，便开始对这 50 辆首次亮相吉达港口的陕汽偏置码头车开展技术支持工作，在历经 20 余天的 PDI（pre delivery inspection, 交付前检查）后，陕汽偏置码头车顺利交付吉达港。

陕汽服务团队工程师何成伟和李友星赶在国际航班禁飞前出发，在历经 20 余天的 PDI（pre delivery inspection, 交付前检查）后，陕汽偏置码头车顺利交付吉达港。

上还是不上?

2020 年 4 月，沙特疫情全面暴发，每天新增病例高达 4000 例，其中吉达市日增 500 例。除港口外，吉达市所有公司单位均停业停工。在种种条件的限制之下，陕汽服务团队的两位工程师只能由每天赴港作业转变为线上办公。车辆在使用前期处于磨合期，且客户对陕汽车辆不熟悉，导致港口无法独立处理车辆问题，只能向陕汽服务团队寻求线上技术指导，提供最优解决方案。对他们来说，那段时间没有白天和黑夜的区分，由于时差原因，他们白天和客户对接，凌晨和国内总部对接，每次醒来的第一反应就是拿起手机，查看是否有客户或总部发来的消息，车辆是否一切正常。

有一天，陕汽服务团队突然接到电话，得知部分车辆鞍座出现磨损，

陕汽服务团队身着防护服为司机讲解鞍座保养要求。

客户无法断定磨损原因，陕汽服务团队线上指导客户工程师自行对问题进行处理，但当地工程师按照要求对车辆进行排查，却无法确认故障原因，这是线上办公以来客户第一次无法通过远程指导处理问题，难题摆在他们面前：疫情如此严重，上还是不上？

吉达港车辆始终处于高强度工作状态，鞍座磨损问题已经开始影响车辆正常使用，若是车辆因此停摆，将会直接影响到港口的作业安排。因此，二人决定，上！

吉达港车辆始终处于高强度工作状态，鞍座磨损问题已经开始影响车辆正常使用，若是车辆因此停摆，将会直接影响到港口的作业安排。因此，二人决定，上！

而此时，沙特已在全国采取了宵禁措施，他们决定自行驾车前往港口处理问题。在得到总部批复后，二人在做好防护的情况下驾车赴港作业。在现场，他们身穿防护服在 40 多摄氏度的高温下仔细研究磨损处后发现，出现磨损的车辆鞍座中均存在沙砾与铁屑，未出现磨损的鞍座表面则无杂质，在与当地工程师进一步交流确认后得知，尽管在前期对司机进行了保养及操作培训，但当地司机并未按要求清洁鞍座，而沙特当地风沙较大，保养时直接涂抹黄油，导致杂质进入鞍座接触面，造成了鞍座磨损。陕汽服务团队将情况详细向客户进行了解释，并对磨损车辆进行了维修，同时向客户再次讲解了鞍座的保养要求，及时保障了车辆的正常运营。

沙特自从疫情暴发后，政府多次实施宵禁，在此期间，陕汽服务团队共赴港 20 余次，提供各类技术支持 30 次，保障了现场所有陕汽偏置码头车的正常作业。

沙特自从疫情暴发后，政府多次实施宵禁，在此期间，陕汽服务团队共赴港 20 余次，提供各类技术支持 30 次，保障了现场所有陕汽偏置码头车的正常作业。

授人以鱼不如授人以渔

7 月，沙特疫情整体得到控制并全面复工复产，港口内开始正常作业。陕汽服务团队对线上办公期间客户反馈的问题进行分析后发现，部分问题是因客户对车辆的保养不到位造成的，虽在前期已对客户进行了系统的维修保养培训，但仍掌握得不充分，在日常工作中需要不断向客户强调，为此，二人恢复正常上班并展开技术支持工作。

陕汽服务团队对车辆运行情况进行检查。

陕汽服务团队与当地员工在沙特阿拉伯吉达港合影。

技术支持工作并不是简单解决车辆问题，增强维护保养意识和培养独立技术团队也非常重要，正所谓授之以鱼不如授之以渔。港口虽然有专业的技术工程师，但也需要深入学习和了解陕汽车辆，而陕汽服务团队就是最好的桥梁，这也正是陕汽“贴心服务”理念的传承与发扬。

自沙特复工复产以来，陕汽服务工程师将技术培训融入了日常工作中，通过与客户的日常沟通与技术交流，了解到其对陕汽车辆的认可度有了明显提升，客户工程师对陕汽偏置码头车的车辆结构也有了深入了解，可独自解决大部分车辆技术问题。

目前，陕汽已建立多个海外服务培训中心，并以此为核心辐射周边多个国家，培养了一批批汽车专业技能人才。

近年来，随着陕汽在海外市场的不断发展，重卡相关的技术、维修、保养人员需求不断增加。目前，陕汽已建立多个海外服务培训中心，并以此为核心辐射周边多个国家，培养了一批批汽车专业技能人才。此外，陕汽每年还会邀请全球各地学员来中国学习汽车技术知识、维修服务保养实操等。

抗击疫情的“中国队长”

一直以来，吉达港工作人员主要以巴基斯坦人和印度人居多，对自身防疫重视程度不够。随着全球新冠肺炎疫情不断升级，防疫形势日渐严峻。对陕汽服务团队来说，防疫仍旧是现阶段工作的绝对前提。

在海外疫情暴发初期，陕汽在海外市场采取了一系列举措，在严格做好疫情防控工作的前提下开展工作。陕汽总部从国内采购了防护服、护目镜、口罩、中成药等防疫物资，通过多种渠道送至沙特吉达港，有效保障了陕汽服务团队的健康安全。

陕汽服务团队在与港口方交流时不断强调防护的重要性，保持安全社交距离，并将收到的物资统筹调配给港口当地员工，得到了港口管理方及当地员工的一致好评，港口也在他们的带动下更加重视日常防护，至今没有发生大规模的疫情扩散，港口的当地工程师亲切地将他们称为“中国队长”。

以陕汽速度印证中国速度

自车辆交付客户以来，陕汽服务团队坚守一线，对车辆的顺利运营发挥着重要作用。在港口运营的 50 台陕汽偏置码头车都有固定的司机团队，这些司机采用三班倒方式 24 小时不间断作业，保障港口货物的正常流转，要想在高密度的作业状态下为车辆进行检查维护并不是一件容易的事。

陕汽海外服务团队经过多次观察发现，司机们在傍晚交接班时会有晚餐时间，且所有车辆届时会陆续聚集至统一地点停放，这为陕汽服务团队争取了宝贵时间，两位工程师充分利用这一时间差，连续多日集中对车辆进行检查及日常维护工作。这就产生一个非常有意思的现象，每到傍晚时分，落日余晖、霞光万丈，港口车辆都会来到停车区域，司机们下车结伴前往餐厅吃饭。这时，熙熙攘攘的码头上就出现两名中国人的身影，他们快步赶到停车区域，拿出工具开始逐一对车辆进行检查维护。

每当解决完工作，陕汽服务团队的两名中国工程师都会擦擦头上的汗水，微笑地看着一辆辆车离开。而就是这样的循环往复，让 50 台车在短时间内完成了全部的检查维护工作，这在当地人眼中是一个不可能完成的任务，但就是这样一个任务，陕汽人做到了，中国人做到了，用当地人的话说，中国人不怕辛苦、努力拼搏、效率非常高，这是陕汽速度，更是中国速度！

用当地人的话说，中国人不怕辛苦、努力拼搏、效率非常高，这是陕汽速度，更是中国速度！

2020 年，注定是被载入史册的一年，新冠肺炎疫情对世界的影响还将持续，尽管受到诸多不利影响，但中国企业在“一带一路”沿线国家和地区的工程项目依旧稳步推进，相继复工复产，为促进当地社会经济发展发挥了重要作用。在后疫情时代，如何把最适合的技术、设备、服务和管理投入到“一带一路”的建设中去，成为每个企业亟待破解的难题。

近年来，陕汽聚焦“一带一路”市场机遇，充分整合国际市场资源，加快产能合作，推动全球布局和产业体系国际化。截至目前，陕汽在国际市场共设有40个海外办事处，累计开发了200余家一级授权经销商，380余家海外服务网点，26家海外配件中心库及130余家配件专营店，并在沙特阿拉伯、阿尔及利亚、尼日利亚、罗马尼亚等14个国家实现了本地化生产。而作为中国码头车领域的行业领先者，陕汽的偏置牵引车产品已经遍布国内主要港口和园区，市场份额超过60%，并远销沙特、韩国、土耳其、加纳等海外港口。对于陕汽来说，一个个市场的有力突破，一步步扎实的售后服务，积累的是全球客户对于陕汽的认可，更是对于中国制造的肯定，而这，正是“中国速度”能够在异国他乡得以实现的重要前提。

截至目前，陕汽在国际市场共设有40个海外办事处，累计开发了200余家一级授权经销商，380余家海外服务网点，26家海外配件中心库及130余家配件专营店，并在沙特阿拉伯、阿尔及利亚、尼日利亚、罗马尼亚等14个国家实现了本地化生产。

陕汽服务工程师何成伟为当地工程师讲解发动机零部件更换。

2020

中国企业国际形象建设案例集

海外社会责任

H A I W A I S H E H U I Z E R E N

国家电网巴西控股公司

音乐改变命运

马累社区音乐学校校址外景。

里约热内卢（下称里约）是巴西第二大城市，南美洲著名的旅游胜地，奥运会和足球世界杯都曾在这座城市举办。这里除了闻名于世的桑巴舞和足球，还有大量贫民社区。里约的贫民社区并不集中在一个区域，它常与富人区相邻，却又盘踞在某个山头上自成一体。远远望去，密密麻麻的一片砖瓦房中混杂着私自搭建的电线，俨然是个毫无章法的封闭世界。据保守统计，里约有 140 万人生活在市区内 700 多座山丘上的贫民社区里，占市区总人口的 22% 左右。

对于在这里出生长大的社区儿童而言，毒品和枪支就是他们童年的伙伴。在由费尔南多·梅里尔斯执导的惊悚电影《上帝之城》里，孩子们随时可以毫不犹豫地持枪杀人，世界的通行法则就是暴力，这些让人不寒而栗的画面，并非完全是虚构的，而是时时刻刻发生在里约贫民社区的真实场景。然而，就是在这样的环境中，国家电网巴西控股公司通过赞助一所社区音乐学校，已经改变了 6000 多名贫民社区青少年的命运。

国家电网巴西控股公司通过赞助一所社区音乐学校，已经改变了 6000 多名贫民社区青少年的命运。

初识马累社区音乐学校

马累是里约北部最大的贫民社区。2014 年世界杯前夕，里约政府曾将市内贫民社区分为三个等级，并分别派军队进驻清剿黑帮，马累属于最危险的红色级别。也就是这里，马累社区音乐学校创始人卡洛斯留下了一生都难以磨灭的伤痛。

明日之潮——马累社区音乐学校初期成员。

马累社区音乐学校全新的排练厅。

在痛苦中消沉了11年之后，卡洛斯想起父亲的话："音乐必将创造奇迹"。

卡洛斯的父亲是位才华横溢的音乐家，功成名就后仍致力于将古典音乐普及给广大民众，常在贫民社区教学并演出。如此善良的他，却在1999年被马累贫民社区的居民绑架并残忍杀害。

卡洛斯一直无法理解，为什么父亲曾带去那么多爱和梦想的地方，却最终带走了他的生命。在痛苦中消沉了11年之后，卡洛斯想起父亲的话："音乐必将创造奇迹"。终于他决定暂时放下心中的痛，放弃一直从事的记者职业，组建贫民社区儿童交响乐学校，并取名为明日之潮——马累社区音乐学校。"我要用父亲一生的事业——爱和音乐，去救赎贫民社区的孩子们，给他们带去梦想、帮他们改变命运、给社会带来奇迹！"

2010年，在筹建贫民社区儿童交响乐学校之初，虽然学校只有不到30个孩子，但卡洛斯仅靠自己的积蓄支撑学校的运作非常艰难。曾经承诺资助他的一家巴西企业反复斟酌后决定放弃，原因是他们认定卡洛斯帮助贫民社区儿童改变命运的愿望太不现实。没有投资，卡洛斯的理想就这样破灭了吗？

在卡洛斯多次努力却仍找不到资助方时，国家电网巴西控股公司听闻这一项目，被卡洛斯的大爱深深感动，当即决定从2011年起长期资助明日之潮——马累社区音乐学校。

国家电网巴西控股公司不仅和明日之潮——马累社区音乐学校签署了资助协议，每年资助学校90万雷亚尔，而且还以150万雷亚尔在社区买下来一栋房屋，改造后捐赠给了学校，用作教室和排练厅。

学校走上正轨并快速发展

在国家电网巴西控股公司的资助之下，音乐学校很快走上了正轨。之前学校只有长笛、小提琴和大提琴，在买了中提琴、低音提琴等乐器之后，卡洛斯组建了一所真正的交响乐学校。

随后，学校开始在马累社区内部招生，2012年就接受了200名学生。接着，通过和里约市教育厅沟通，明日之潮——马累社区音乐学校得到了走进马累社区所有幼儿园的授权。这意味着马累社区将有3000多名孩子在4～5岁时会在某所幼儿园入学，在那里，将由音乐学校毕业的第

国家电网巴西控股公司不仅和明日之潮——马累社区音乐学校签署了资助协议，每年资助学校90万雷亚尔，而且还以150万雷亚尔在社区买下来一栋房屋，改造后捐赠给了学校，用作教室和排练厅。

乐团参加里约公益演出。

一批年轻人教授他们音乐。

在国家电网巴西控股公司的赞助下，明日之潮——马累社区音乐学校变得越来越专业，参加的各类重大活动越来越多，学校的影响力也不断扩大。2012年，学校在里约州长宫进行了表演，州长向学校捐赠了一辆货车。2013年，学校分别在里约市立剧院和巴西国家大剧院进行了重要演出。2017年，巴西最大的电视台GLOBO专门为学校拍摄纪录片*CONTRAMARÉ*，该纪录片在世界各地斩获多项大奖。随后学校参加了巴西最大的公共活动之一——科帕卡巴纳的除夕夜，观众达240万人。2019年，学校在全世界最大的摇滚音乐节之一——ROCK IN RIO进行表演，该音乐节每天到场人数超过10万人。12月，GOLOBO电视台专门为明日之潮——马累社区音乐学校拍摄了巴西弗拉门戈足球队加油视频，该视频在世界足球俱乐部锦标赛决赛开赛前播放，巴西上千万人观看了视频。

截至2020年，学校已经拥有44位专业老师、累计教授6000名学生，成为里约热内卢乃至巴西的一张名片，也成为闻名巴西全境、最受人尊敬的公益项目。

明日之潮——马累社区音乐学校曾先后在中巴建交40周年音乐会上为访巴的习近平主席及2015年访巴的李克强总理演出，得到两国元首的鼓掌喝彩。学校还应梵蒂冈教皇邀请前往意大利参加演奏活动，在巴西引起了轰动，获得政府、媒体及巴西社会各界的高度评价。

如今，马累贫民社区的孩子们都争着加入明日之潮——马累社区音乐学校。一些孩子学成长大后选择留在学校任教，影响更多的孩子。截至2020年，学校已经拥有44位专业老师、累计教授6000名学生，成为里约热内卢乃至巴西的一张名片，也成为闻名巴西全境、最受人尊敬的公益项目。

改变命运成为可能

在国家电网巴西控股公司的帮助下，贫民社区的孩子们在华彩乐章中看到了灿烂的未来。6000名接受过明日之潮——马累社区音乐学校教育的孩子，其中32人成为专业的音乐老师，5人考入了大学继续深造音乐。如今，巴西最危险的贫民社区已经发生了惊人的变化，贫民社区的孩子们也在一步步地改变自己和家人的命运。

作为学校最优秀的小提琴手之一，达席尔瓦已经有能力为刚入学校的孩子授课、为家庭创收。明日之潮——马累社区音乐学校里，不少15 ~ 19岁的优秀乐手边接受专业培训，边为更小的团员上课，有些人的收入"甚至比父母还多"，可以自豪地补贴家用。

伊莎多利亚是马累社区土生土长的孩子，家庭贫困，7岁时母亲去世，父亲靠印刷卡片为生。伊莎多利亚成为明日之潮——马累社区音乐学校的一员后，凭借自己的努力成为一名优秀的小提琴手，还获得了每月200多雷亚尔的奖学金。因为这笔奖学金，她可以在学习音乐的同时，不必像贫民社区的其他孩子那样辛苦赚钱生活，得以专心报考大学。2015年，伊莎多利亚考取了里约热内卢一所大学的心理学专业。这一年，她也和小伙伴们登上了具有200年历史的里约热内卢市立大剧院的舞台。

如今，在马累社区，人们会因为家里的孩子能够进入明日之潮——马累社区音乐学校而自豪。学校的成就和带来的良好影响，甚至赢得了当地黑帮的尊敬。有一次，一名学校成员在前来排练的路上遭到黑帮打劫，当对方打开他的背包发现里面是一把小提琴，并得知眼前的孩子来自明日之潮——马累社区音乐学校时，这名黑帮成员就把小提琴还给孩子说："我真羡慕你！真的！好好学习吧，让人们知道马累除了毒品和黑帮，还

如今，在马累社区，人们会因为家里的孩子能够进入明日之潮——马累社区音乐学校而自豪。

马累社区音乐学校乐团在中巴建交40周年音乐会上演出。

乐团应梵蒂冈教皇邀请前往意大利为教皇演奏。

达席尔瓦（左）和他的同学。

有美好的交响乐！”

家长们也感慨万千：“长久以来，我们就是在帮派斗争和警匪冲突的夹缝中求生。少数孩子能去公立学校学会识字，长大后做收银员或者佣人，领到政府的最低薪水，已经算是幸运；而更多的孩子早早地就加入了黑帮，随意伤害无辜民众，也常常随时就断送了性命。贫民社区里的我们，世世代代都是这样生活，从来不敢对生活有其他奢求。明日之潮——马累社区音乐学校让我们看到了不一样的世界！”

中资企业的一面旗帜

由于明日之潮——马累社区音乐学校校长卡洛斯的杰出贡献，2019年，*GLOBO* 报纸授予他杰出贡献奖，该奖项旨在表彰具有奉献精神并在世界范围内脱颖而出的巴西人。此后不久，里约第一区地方劳动法院也下达司法功绩令授予其奖章。2019 年 11 月 27 日，GQ 杂志授予卡洛斯“年度人物”称号，同时，明日之潮——马累社区音乐学校超越巴西国家石油公司交响学校和库里提巴管弦学校，获得学校类别的专业音乐奖项。

卡洛斯在颁奖礼上说道：“马累社区在一点点改变，变得更好！我希望有一天，马累孩子们手上拿的都是乐器，而不是武器！回顾过去，没有中国国家电网的支持，这一切改变都是不可能的。国家电网从 2011 年底开始为学校提供支持，当时学校只有 24 名小孩，今天该项目得到了巴西社会的广泛认可，这就是对国家电网支持的最好的回报。我们将永远，永远，永远感谢中国！感谢国家电网公司！”

多年来，国家电网巴西控股公司积极履行企业社会责任，利用税收优惠、环境保护、沟通交流等多重渠道，积极参与社会公益活动，造福当地民众，打造国家电网良好的企业形象和品牌。先后赞助支持了明日之潮——马累社区音乐学校、“里约四季长跑”、弱势残疾儿童、世界文化遗产巴西瓦隆古码头考古遗址保护等 50 多项公益项目；出版《巴西眼中的中国》《百名摄影家聚焦巴西》《东方神笔》《我眼中的巴西》等书籍和画册，举办中巴文化交流展示中心、百年大道摄影展等系列文化交流活动。2014 年，国家电网巴西控股公司荣获联合国全球契约组织“社会责任管理最佳实践奖”，良好的社会责任形象和在巴投资建设运营的成功实践，显著提升了国家电网品牌形象的全球影响力。中国驻巴西大使馆对国家电网巴西控股公司的发展及履行社会责任的担当给予“中资企业的一面旗帜”这一高度评价。

2020 年，新冠肺炎疫情在全球范围内暴发，巴西逐渐成为全球疫情中心之一。在这个特殊时期，明日之潮——马累社区音乐学校通过其官网向社会募捐，用以帮助贫民社区里的家庭渡过难关。国家电网巴西控股公司十分支持这一义举，积极通过企业内部邮件和社交媒体号召大家帮助马累社区的居民。国家电网巴西控股公司总经理常忠蛟介绍说：“明日之潮——马累社区音乐学校多次参加中巴文化交流活动，做出了积极贡献。困难时期，力所能及地帮助他人就是帮助自己，希望他们早日战胜疫情，回归正常生活。”

国家电网巴西控股公司员工子女奚楚蘅、王建乔在当地学校指导下成立了 Beone 基金会，向马累贫民社区多次捐赠口罩、食品篮等防疫物资，得到中巴媒体的广泛关注。他们在 Beone 网站主页发起了倡议：巴西和

“马累社区在一点点改变，变得更好！我希望有一天，马累孩子们手上拿的都是乐器，而不是武器！回顾过去，没有中国国家电网的支持，这一切改变都是不可能的。”

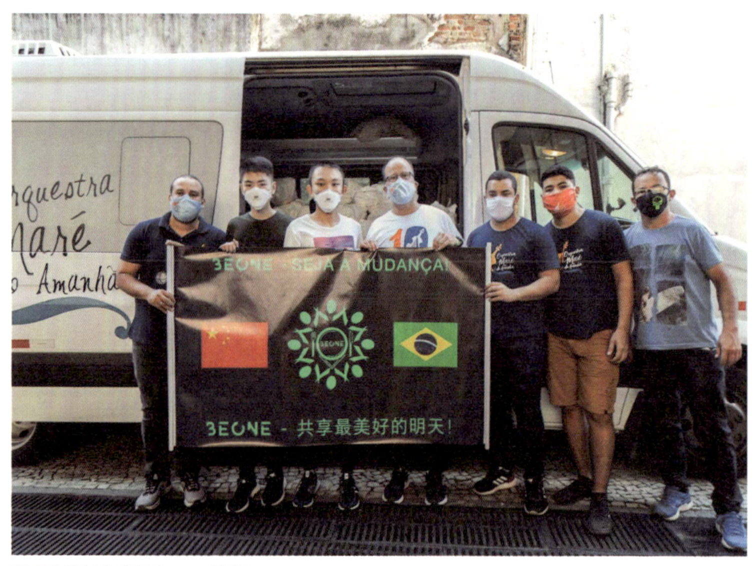

公司员工子女组建的 Beone 基金会。

“我从没有想到，我们这样一个社区竟然能够跟遥远的中国有这么多的联系，真心感谢中国的朋友们！”

中国相隔万里，有些人难免会被一些恶意的言论所误导，但在这种艰难的时刻，我们都应该放下顾虑，尽力帮助需要帮助的人，展现我们中华民族的友善。我们的捐赠会一直持续到里约情况好转，期待重新回到那个大家能够一起在沙滩上欢歌的里约。

马累社区文化中心主任普拉泽雷斯负责接收社会力量对社区的捐赠，他感叹道：“我从没有想到，我们这样一个社区竟然能够跟遥远的中国有这么多的联系，真心感谢中国的朋友们！”

马累，这个里约北部最大的贫民社区，因为明日之潮——马累社区音乐学校，越来越多的孩子得到了改变人生的机会。他们可以凭借努力，登上梦想中的演出舞台，告别暴力和毒品，找到绽放理想的光明之路。这一切改变，无不源于国家电网巴西控股公司在参与“一带一路”倡议建设过程中，始终坚持融入当地社会、传递中华“正能量”、促进民间友好、实现民心相通的不懈努力。

巴基斯坦中电胡布发电有限公司

守护静谧而美好的阿拉伯海

20

FRIDAY AUGUST 14, 2020 | SPECIAL REPORT | KHALEEJ TIMES

PAKISTAN INDEPENDENCE DAY

China Power Hub Generation Company (Pvt.) Ltd (CPHGC)

Guiding Pakistanis Towards a Brighter Future

The Chinese company has been undertaking many CSR activities for the benefit of the local people

Atif Khan

The China Power Hub Generation Company (Pvt.) Ltd (CPHGC), a 1,320MW power plant in Hub, Balochistan, is a joint venture between the Chinese company SPIC and Pakistan's largest independent power producer, HUBCO. The power plant achieved commercial operations when Pakistan Prime Minister Imran Khan inaugurated it in October 2019. Since then, it has been meeting the electricity needs of more than four million Pakistanis providing uninterrupted electricity to the national grid.

The $2 billion investment in the power sector of the country has been hailed as a benchmark for investment. Besides generating revenue for the federal and provincial government, the project is providing employment and business opportunities to the locals, injecting vigour into the local economy. We got in touch with Zhao Yonggang, CEO, CPHGC to tell us more about the opportunities that CPHGC is providing to the local community.

"We had selected HUBCO, the largest independent power generation company in Pakistan as our partner and worked with them for our CSR outlook, based on the needs of the locals. The underlying issue was employment for the local youth. In collaboration with Hunar Foundation, we trained 30 people and provided job opportunities at our plant."

Zhao Yonggang, CEO, CPHGC

CPHGC has been in the news for a number of community welfare projects since the beginning. In 2017, it responded to the request of local government authorities and helped to clean up the Hub town, a commercial point that connects the province of Balochistan with the financial capital of Pakistan, Karachi. Later that year work started on a one-of-a-kind environmentally reliable, floating jetty for the fishermen of the neighbouring villagers of Allana Goth.

"The village is 30 minutes driving distance from the main Hub town. Catching fish is their only source of sustenance but they had no facility to offload their catch. This meant losses in terms of the fish that they sell. When we came to know of their plight, we offered to help by constructing a jetty. However, due to lack of funds it hadn't been implemented. On the direction of the Coastal Development & Fisheries Department of the Government of Balochistan, we built a jetty exclusively for the fishermen of the area, which was inaugurated in 2019."

During the 2018 FIFA World Cup, CPHGC also constructed a playing pitch for the students of a local school in Gaddani. "We bought land from the Government of Balochistan and committed to building a school there. It will be spread over an area of two acres and will also have proper sporting facilities. Construction is due to be completed this year. Classes will of course start once the government gives clearance," Yonggang added.

During the current Covid-19 crisis, CPHGC came to the assistance of the Hub administration and the local population. On their request, CPHGC donated one tonne of ready-to-use disinfectant and 2,000 face masks. CPHGC donated countless ration bags to the financially distressed families of the area.

When talking about the future of CPHGC, Zhao shares plans for local employment of the company.

"Hiring local talent has been the focus of our long-term strategy. We have long encouraged and supported local staff to work at the power plant. In 2018, we inducted 38 local engineers and sent them for training to China. They will work up the chain of command and sometime in the future they might be the senior management that takes care of the running of the CPHGC plant.

"Employees are given face masks and sanitisers. Time and again safety bulletins have been issued internally and we have continued to monitor local news, advising our employees to take precautions accordingly.

"During these difficult times, CPHGC is playing a very crucial role to Pakistan society; we have Chinese and Pakistanis working together to keep this power plant running smoothly, all of them are on duty. They are not able to stay with their families, many of them have not been able to go home for more than 11 months. I am proud of my team at CPHGC who have showed real maturity and value when it was needed most. I wish all a safe and healthy future," he said.

《海湾时报》刊载国家电投中电胡布在巴基斯坦履行社会责任、造福当地的专访文章。

2020年8月14日，在巴基斯坦的重要节日——独立日当天，在1000多公里之外与巴基斯坦隔海相望的阿拉伯联合酋长国，当地创刊最久、发行量最大、在海湾地区拥有众多读者的英文日报《海湾时报》发行了庆祝巴基斯坦独立73周年的专刊，上面刊载了国家电投中电胡布发电有限公司（下称中电胡布）在巴基斯坦履行社会责任、造福当地的专访文章。

“作为中巴经济走廊重点项目的中电胡布，在巴基斯坦持之以恒，实施了许许多多的社会责任项目，成功塑造了企业品牌形象，已成为一家知名的电力公司，即便在阿联酋也获得了关注。”该报市场部主管说。

正如这位主管所言，五年来，即便在电厂施工阶段，中电胡布也一直未曾辜负当地社区的期望，企业社会责任计划和举措始终侧重于使当地可持续发展、基层民众能够改善生活水平。

渔民推船上岸卸货。

2018 年 1 月 25 日，巴基斯坦第一座由企业赞助的漂浮式码头正式动工建设。

“俾路支省渔民有码头了！”

中电胡布项目位于巴基斯坦俾路支省，该省是巴基斯坦最为落后动荡的省份之一。在项目附近有一个叫阿拉纳的渔村，生活着大约 3000 名村民，他们以海洋渔业为生，却因村里没有像样的码头设施，船只进出海及渔获装卸不便，收入颇受影响。中电胡布了解到相关情况后，决定赞助 40 万美元建造一座漂浮式渔民码头，以解决渔民船舶停靠和卸货效率的问题，间接助其提高收入，改善生活水平。

2017 年，中电胡布相关人员在军方的护送下，多次前往实地考察，了解海岸、潮汐、季风和渔民分布等情况，并与地方政府和渔民代表进行多轮沟通，确定建设地点。当项目准备开建时，渔民们突然改变了主意，希望将码头建造于他们更倾向的另一个位置，但该土地为一私人地主所有，这一下让中电胡布公共关系人员犯了难。好在这位地主通情达理，在进行了多次商谈后，对方同意免费出让该海边地块作为码头公益项目用地。随后，中电胡布对新位置重新进行勘探、项目环保审批等流程，促成了码头在 2018 年 1 月 25 日正式动工建设。该码头为巴基斯坦第一座由企业赞助的漂浮式码头。巴基斯坦《黎明报》《新闻报》等 17 家媒体报刊纷纷以“俾路支省渔民有码头了”为主题进行了报道。

中电胡布人员前往渔村调研。

渔民码头动工仪式。

为了真正带动地方经济，中电胡布选择了当地有资质的建设商进行码头建设，并要求其尽量使用该渔村的劳动力，拉动就业，造福渔民。该公益项目历时一年，于 2018 年 11 月建设完毕，2019 年 2 月 1 日正式移交俾路支省渔业部。

参加交付剪彩仪式的中国驻卡拉奇总领馆经商参赞郭春水说：中巴经济走廊现正从第一阶段转向第二阶段，重点目标由能源基础设施建设等转向教育、职业技术培训、卫生、扶贫等民生领域项目的建设。中电胡布在第一阶段建电厂缓解当地电力能源紧张局面、提供大量就业机会之外，投入的渔民码头等多个社会责任项目也进一步充实和拓展了走廊第二阶段的内容和领域，助力巴基斯坦社会经济民生的发展。

该公益项目历时一年，于 2018 年 11 月建设完毕，2019 年 2 月 1 日正式移交俾路支省渔业部。

俾路支省渔业部长哈吉·阿斯卡尼对中电胡布为渔民修建码头表示感谢。他说：“我对中电胡布在这么短的时间内把渔民码头建起来表示感谢，这个码头对改善当地渔民生活和发展当地经济有很大作用。”

渔村村长古尔则对渔民码头公益项目带给村民们的便利有更深一层的体会：“在码头建设前，一两个人根本无法将渔船推到海里出海捕鱼，需要 10 多个人才能完成；而当我们打鱼归来时，将渔船推回岸上依旧十分困难。有了码头之后，我们可以把渔船停靠在码头并及时卸载，能短

渔民码头建设现场。

时间内再去出海捕鱼。这个码头对我们帮助很大！”

兴建公益学校用地审批，一波三折好事多磨

除了福泽当地的渔民码头，中电胡布还通过与当地一家专为穷人提供高质量教育的著名非政府组织——公民基金会（The Citizens Foundation，TCF）合作，建设并运营了一所 TCF School 公益学校，由中电胡布负责学校的建设、装修、运营费用、师资聘请、交通接送等，初期第一阶段费用在 30 万美元。

巴基斯坦是世界第六大人口国，经济落后，学龄儿童失学率在全世界排名第二；劳动力数量庞大，但失业率高，劳动者受教育程度和职业

技能普遍低下。中电胡布这所公益学校社会责任项目便在这样的背景下诞生。

2019 年 12 月，学校在距离中电胡布不远的加达尼地区兴建，回想起学校审批开工的艰难历程，中电胡布公共关系与社会责任团队感慨万千："这是我们经历过的耗时最长、最曲折的公益项目！从没想过在海外做公益会如此艰难。"

其实，学校与渔民码头公益项目是同一时间敲定，并率先起跑的。但码头已经在 2019 年 2 月 1 日正式投入使用并交付给当地政府渔业部，而学校项目还在为地皮使用权伤脑筋。

2017 年年初，中电胡布公关团队在周边地区及部分村落考察后，确

学校主体建设完工，已具备招生条件。

定了合适的建校场所。但作为一个公益项目需要向政府申请非商业化用地的使用权，用地申请随即启动，整个流程经过俾路支省财务、税务、法务等12个部门和监管机构，直至年底才流转完毕并送至该省首席部长（省最高领导人）处。

“当时我们已经将2018年的社会责任预算全部都做好了，只等拿到学校用地批文即可开工。”完全在意料之外的是，就在即将拿到批文的关键时刻，该首席部长因政治原因离职了，用地申请未能得到省政府最后批复。

“承诺当地百姓的事，再困难也要办到，不能让穷苦学生们失望！”

真空期一等又是半年。2018年7月，巴基斯坦大选改变了该国政治局势，新的政治党派上台，政府更迭，大量前政府官员已完成的工作不再受到承认。中电胡布想要在当地继续执行建设公益学校的计划，必须重新启动流程，再次向新政府申请用地许可。

“承诺当地百姓的事，再困难也要办到，不能让穷苦学生们失望！”自此，从巴基斯坦最大城市卡拉奇往返西部俾路支省首府奎达的支线小飞机上，便频繁出现了中电胡布人员的身影，他们开始全力跟进新政府对地皮的批复过程。

“螺旋桨飞机坐起来晃晃悠悠！”历经一年的空中颠簸，转眼来到2019年的夏天，正式批文在众人翘首以盼中终于下发。然而拿到批文的中电胡布人却一下子从欢喜到惊愕，因股东关系及相近的公司名称，政府人员“顺理成章”地将土地使用权批给了中电胡布的小股东——胡布发电公司。几经周折，中电胡布再次向政府提起更改批文。

历经 3 年的不断协调，公益学校项目在 2019 年 12 月终于取得政府非商业化用地审批，中电胡布同相关方签署合同，施工建设随即开启。

学校地基开挖的那天，周边的小朋友们三三两两赶来围观，憧憬着他们的美好未来。学校的建成将有利于普及当地贫困学龄儿童的基础教育，尤其可为女生提供更多的教育机会，也将把中国企业的爱与精神传递给巴基斯坦的未来一代。

为公益学校翻建球场，圆贫困生足球梦想

除了兴建学校，中电胡布还利用项目建设期的人力物力资源，为与厂区一墙之隔的 Mouza Kund 学校建设了新球场。该学校同样隶属于 TCF

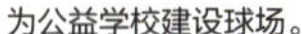

为公益学校建设球场。

为巴选拔培育大机组电力管理及运行人才。

公民基金会，是该基金会运营的众多公益慈善学校之一，中电胡布曾多次走访该校并向学生赠送书本文具等学习用品。由于条件所限，学校没有正规像样的操场，学生们无法正常开展体育活动。

“虽然巴基斯坦是板球之国，但足球也是学生们的最爱之一，他们踢球的渴望十分迫切。”中电胡布在日常走访中了解到孩子们的需求后，利用基建期的设备与人力优势，出资翻建、平整了足球场，赞助了相关体育设施和学生运动装备。在球场落成典礼上组织了一场足球赛，身穿象征中巴两国国旗色、同时也象征着国家电投标识的红、绿色球衣的学生们快乐地追逐拼抢。

TCF 机构创始人之一、董事会主席阿蒂德·里亚兹高度评价中电胡布与基金会合作捐资助学、支持当地教育发展和帮助青年就业的善举。

目前已有 186 名巴方电力人才工作在电厂运维岗位上，未来 5 年内争取实现巴方运维人员达到 80%。

为巴选拔培育大机组电力管理及运行人才

巴基斯坦电力基础设施落后，大机组电力管理及运行人才极度缺乏。中电胡布在项目推进过程中，以实现属地化运营为目标，不断加大巴基斯坦电力人才的培养力度，多批次招聘选拔优秀学员，前往中国的电力学院学习并在中国的电厂进行实习。目前已有 186 名巴方电力人才工作在电厂运维岗位上，未来 5 年内争取实现巴方运维人员达到 80%。

同时，中电胡布还积极资助当地贫困生接受职业教育，并在其结业后推荐至项目工程现场就业。2016 年 7 月，中电胡布与巴基斯坦一家非营利性机构——Hunar Foundation 技能基金会签署协议，资助俾路支省胡布镇 30 名贫困学生接受为期一年、具有国际水准的职业培训，培训主要

前往校区了解资助学生的学习情况。

方向符合市场就业预期，包括电子电气、焊接制造、管道工程、机械制造和摩托车维修等，中电胡布承担学生整个培训期间的学习、住宿与膳食等费用，并在 2017 年 9 月推荐所有结业生到项目工程现场工作，其中有 27 名学生受聘并参与项目施工作业。历经两年全方位、多工种的磨砺，这批学生在项目工程现场已能胜任他们初入社会的第一份工作。

尊重当地女性权利，促进中巴文化交融

中电胡布履行社会责任不仅体现于物质贡献方面，在精神文明引领方面，也积极发挥了一个国际化中国企业应有的作用。

由于历史及宗教原因，巴基斯坦妇女在本国地位较为低下。近年来，随着中巴经济走廊的建设，当地女性参与就业和社会活动的行为开始活跃。中电胡布自 2016 年成立以来，始终尊重当地女性应有的社会地位和权利，积极聘用当地女员工并促使其在关键岗位发挥重要作用，公司总部员工中女性占比过半。

中电胡布还积极鼓励当地女员工参与各项社会活动，每年派她们参加多种形式的女性论坛等，积极展示自我。

在 2018 年 10 月由巴基斯坦智库主办的“中巴经济走廊中女性的角色”研讨会上，巴基斯坦人权部长希琳 · 马扎里说，越来越多的巴基斯坦女性借助参与中巴经济走廊建设，学到安身立命的技能和知识，这不仅改变了她们自己的生活和命运，也让国家的经济社会发展获得了更多动力。

中电胡布自 2016 年成立以来，始终尊重当地女性应有的社会地位和权利，积极聘用当地女员工并促使其在关键岗位发挥重要作用，公司总部员工中女性占比过半。

中电胡布巴方副总经理安布林（Ambreen）参加“中巴经济走廊中女性的角色”研讨会。

中电胡布巴方副总经理安布林女士在该研讨会上及其他多个公开场合表示：“中电胡布作为一家年轻的公司，正努力融合两种文化，不断提升自己。我本人作为一名副总正是鲜明的例子，说明公司看重的是员工的品质和工作努力程度，不存在性别和国籍方面的歧视。来到中电胡布之前，我曾在多家知名的大型跨国公司工作过，那些公司的福利甚至高于中电胡布的福利，但是我仍然选择了这里，因为在这里，我作为女性所获得的来自总经理和同事的信任和尊重是其他地方无可比拟的。”

在巴基斯坦国家环境与健康论坛（NFEH）2020年第十二届企业社会责任峰会中，中电胡布在“社区发展与服务”“教育和奖学金”“筹款与灾害管理”三个方面获得奖项。

连获三项国家大奖，总理接见，大使感谢，履行企业责任行稳致远

2020年1月22日，巴基斯坦国家环境与健康论坛（NFEH）2020年第十二届企业社会责任峰会在伊斯兰堡举行。此次峰会中，中电胡布在“社区发展与服务”“教育和奖学金”“筹款与灾害管理”三个方面获得奖项。巴基斯坦总理气候变化顾问马利克·阿斯拉姆、国民议会副议长卡西姆·汗·苏里、巴基斯坦海事部长阿里·扎伊迪出席并分别为中电胡布所获三个奖项颁奖；联合国教科文组织驻巴基斯坦官员帕特丽夏·麦克菲利普斯女士也亲临现场并与中电胡布工作人员亲切交流。

巴基斯坦国家环境与健康论坛是1999年成立的非政府、非营利性组织，为联合国环境规划署（UNEP）会员之一，其各项活动得到巴政府官方大力赞赏和支持。该组织举办的企业社会责任年度峰会旨在表彰和认可在巴开展活动的国家和机构对社会的突出贡献和努力，已成为巴企业与机构分享社会责任成就、推动社会责任发展、为巴带来社会长期可持续性的官方互动平台。

组织方表示，中电胡布自成立开始便一直坚持做企业社会责任项目，力度与范围是前所未见的。即使是在项目建设的第一年，公司还没有商业运作盈利的情况下，便已开始了履行社会责任之路。“我们认为，一家公司尽其责任，不应该等待所谓完美的时刻，而是在所有阶段尽一切可能去做。中电胡布具备这样的精神，值得我们敬佩。”

2019 年 8 月 22 日，巴基斯坦总理伊姆兰·汗在伊斯兰堡总理府接见中电胡布总经理一行。巴基斯坦能源部长、海事部长、投资局主席、联邦税务局主席等政府高级官员共同参加会见。巴总理对中电胡布项目的成功表示热烈祝贺，对项目的环保理念与实践、各项社会公益活动表示赞赏。

中电胡布不胜枚举的社会责任行动，更是传到了千里之外的北京。2020 年 7 月 26 日，中电胡布收到来自巴基斯坦时任驻华大使娜格玛纳·哈什米女士的感谢信，她盛赞中电胡布在巴基斯坦抗击新冠肺炎疫情斗争等方面做出的卓越贡献。

“一个奇迹”，时任中国驻

巴基斯坦总理气候变化顾问马利克·阿斯拉姆颁发“社区发展与服务”奖。

国民议会副议长卡西姆·汗·苏里颁发“筹款与灾害管理”奖。

海事部长阿里·扎伊迪颁发“教育和奖学金”奖。

巴基斯坦总理伊姆兰·汗在总理府接见中电胡布团队。

巴基斯坦大使公参及外交部新闻发言人赵立坚在看到中电胡布的航拍夜景时不由赞叹。作为“一带一路”、中巴经济走廊和整个巴基斯坦商业团体的负责任成员，中电胡布与当地相关机构共同努力，持续向有需要的人提供帮助，不断打造提升中资企业的口碑与品牌。随着中电胡布在海外市场的稳步推进，带动了中国设计、中国标准、中国产业制造、中国管理模式等全面走出国门，提高了中央企业国际化水平，推动了国有资本做强、做优、做大，对培育具有全球竞争力的世界一流企业，提升经济效益、社会效益做出了卓越的贡献。

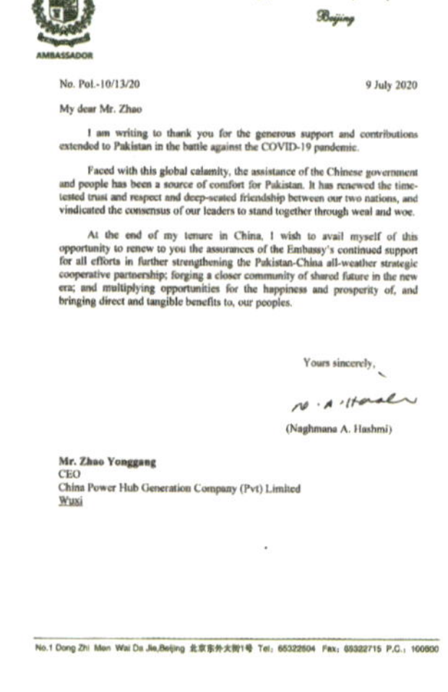

AMBASSADOR

Embassy of the Islamic Republic of Pakistan
Beijing

No. Pol.-10/13/20 9 July 2020

My dear Mr. Zhao

I am writing to thank you for the generous support and contributions extended to Pakistan in the battle against the COVID-19 pandemic.

Faced with this global calamity, the assistance of the Chinese government and people has been a source of comfort for Pakistan. It has renewed the time-tested trust and respect and deep-seated friendship between our two nations, and vindicated the consensus of our leaders to stand together through weal and woe.

At the end of my tenure in China, I wish to avail myself of this opportunity to renew to you the assurances of the Embassy's continued support for all efforts in further strengthening the Pakistan-China all-weather strategic cooperative partnership; forging a closer community of shared future in the new era; and multiplying opportunities for the happiness and prosperity of, and bringing direct and tangible benefits to, our peoples.

Yours sincerely,

(Naghmana A. Hashmi)

Mr. Zhao Yonggang
CEO
China Power Hub Generation Company (Pvt) Limited
Wuxi

No.1 Dong Zhi Men Wai Da Jie,Beijing 北京东外大街1号 Tel：65322504 Fax：65322715 P.C.：100600

巴驻华大使感谢信

平安健康（检测）中心

为听取孩子们的“心音”，我们漂洋过海来到柬埔寨

2019 年 4 月，在第二届“一带一路”国际合作高峰论坛民心相通分论坛上，中国平安宣布启动平安志愿者协会“一带一路”志愿服务项目，在“一带一路”沿线国家和地区开展医疗义诊等志愿服务。7 月 8 日，“一带一路”国际志愿医疗援助首站柬埔寨公益行正式启程。

平安健康（检测）中心与阜外医院组建的海外医疗援助志愿联合小组赴柬埔寨开展为期 8 天的儿童先天性心脏病筛查。8 天里，医疗志愿小组克服近 40 摄氏度的高温与当地的艰苦条件，连续造访 27 所学校，为上万名小学生进行筛查，共检查出 35 例疑难异常病例，并记录和反馈柬方。此外，平安健康（检测）中心还向柬埔寨卫生部捐赠了一批医疗

“一带一路”国际志愿医疗援助首站柬埔寨公益行正式启程。

物资。

柬埔寨公益行的落地标志着中国平安用科技实力和智慧心力，为促进“一带一路”民心相通迈出坚实一步。

柬埔寨首相部副部长严才利、中国驻柬埔寨大使馆参赞左文星在会见医疗志愿小组时表示，中柬友谊源远流长，当地民众对高端医疗健康服务需求迫切，感谢“一带一路”志愿服务项目提供的医疗援助，希望今后能开展更多此类交流项目，增进中柬传统友谊。

Day 1：7 月 9 日 暹粒省 女王宫县

刚踏入这片土地时，给人留下的最深印象就是炙烤的烈日。每一所小学里，巨型榕树就是孩子们的操场，也成了医生们初筛的场地。

筛查的第一日着实让广州平安健康（检测）中心超声科医生感到震惊：仅他一台 B 超影像中就查出 4 例先心病例。其中一名 4 岁男孩在经医生反复确认后，被确诊为极为罕见的右旋心单心房单心室型先天性心

柬埔寨公益行的落地标志着中国平安用科技实力和智慧心力，为促进“一带一路”民心相通迈出坚实一步。

孩子手举两国国旗，寓意民心相通、友好交流。

脏病。这位男孩的身体已经出现发育不良的症状，医生遗憾地说，十几年后他就会因心脏衰竭而失去生命。小男孩睁大着眼睛，眼神中充满疑问，全然不知这份造化的疏忽给自己带来的厄运。

对于首次参加国际志愿服务国际志愿服务者来说，这一天筛查出的病例相当于在国内半年所遇，他们从未预料到柬埔寨儿童先心病如此高发。第一天，援外团队共造访 5 所学校，为近 1000 名小学生进行了筛查。

第一天，援外团队共造访 5 所学校，为近 1000 名小学生进行了筛查。

Day 2&3：7 月 10 ~ 11 日 磅通省 实东县、磅通县

又一例单心房单心室型病例！当同样的影像画面出现在 B 超屏幕上时，负责筛查的医生出了一身冷汗。医生解释说，这样的病例在中国孕妇产检期间就可以筛查出，而在柬埔寨，在该地区周边方圆数百公里内，竟没有一台最基础的彩超机。

不过令人欣慰的是，之后的筛查统计慢慢趋于正常，发病率回归到 4/1000 ~ 12/1000。位于高发前列的属室间隔缺损、房间隔缺损及动脉导

参与国际志愿服务的工作人员给当地孩子进行心脏筛查义诊。

管未闭等这几种常见病，都可以通过手术进行救治。对于需要进行手术的病例，阜外医生与检测中心医生会共同会诊、讨论。

这里的大多数孩子从未做过这种检查，有的孩子刚被带到B超室门口就害怕地哭起来。一位女孩被查出二尖瓣漏，在医生进行反复确认时，站在一旁的姐姐忍不住一直流泪。在这里，微笑和安抚是最多的交流。

在当地政府、学校积极的配合和协调下，志愿服务队两天中辗转了10所学校，对3500余名学生进行了筛查。志愿者们在一个地方忙完来不及歇息就赶往下一个地区，每当车辆发动，孩子们都会在车窗外挥手告别。

在当地政府、学校积极的配合和协调下，志愿服务队两天中辗转了10所学校，对3500余名学生进行了筛查。

Day 4：7月12日 磅湛省 朱普县

先心病筛查的第一关是医生们的耳朵，援外医生需要在嘈杂的环境中屏气凝神地听取孩子们的“心音”，这需要多年练就的经验。平安援外队伍中的医生李放是10年的急诊科医生，首例单心房单心室先心儿童就

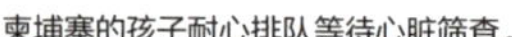

柬埔寨的孩子耐心排队等待心脏筛查。

是最先在她的听诊器中被辨别出来的。

忙碌一天临收工前，没有松懈的李放再次筛查出一位室缺（室间隔缺损）的女孩，后经 B 超检验果然在心室之间呈现出 9 ~ 10mm 的缺口。

“中国心脏手术技术位居世界前列，如果及时干预，孩子有极大的可能和正常的孩子一样学习、生活，并且由中国院方承担全部手术费用和路费。”志愿者们如是劝慰孩子的家长。值得庆幸的是，筛查出的多数病例都能够被带到中国救治。

5 所学校、3200 余名学生和接下来 4 小时的车程，所有志愿者们在这个过程中都体会到了公益的苦和甜。做公益不仅需要有专业的技术，还需要有足够的体力和信念。

5 所学校、3200 余名学生和接下来 4 小时的车程，所有志愿者们在这个过程中都体会到了公益的苦和甜。

Day 5：7 月 13 日 特本克蒙省 庞黑科莱克区

在将近 40 摄氏度的高温下持续筛查了 5 天，再加上每天下午的长时间驱车赶路，医生们的身体有些吃不消了，有的开始出现中暑症状。当

柬埔寨医疗援助公益行合影。

地学校的老师们热情地赶来帮忙，为工作人员送水、送西瓜、装置电扇。虽然存在语言上的交流障碍，但大家的举动都在传递着爱。

附近居民闻讯，也纷纷带孩子来做检查。李放在一个3个月大婴儿的胸前听到明显的杂音，“像风呼呼地吹”，经过影像诊断，婴儿的心室间有两个5mm大小的洞，是罕见的多发型室缺。

孩子的母亲得知病情后眼含泪光。医生详细地向她解释道：“孩子心脏的洞太大了，并且有两个，需在六个月大的时候尽早手术，否则肺动脉高压会产生生命危险。”

检查完后，每个孩子都双手合十向医生们道谢。那一瞬间，医疗援助小组在孩子们纯净的眼神中感受到了平和与欢乐。

“柬埔寨的经济发展离不开中国的帮助，中国也给予了柬方很多民生方面的援助，希望柬中通过更多此类合作，促进民心相通。”

Day 6：7月14日 金边

上午，柬埔寨首相部副部长严才利会见医疗援助小组。她表示：“柬埔寨的经济发展离不开中国的帮助，中国也给予了柬方很多民生方面的

医疗援助小组给当地孩子进行心脏筛查。

援助，希望柬中通过更多此类合作，促进民心相通。”随后，平安医疗援助团队向柬埔寨卫生部捐赠了一批医疗物资。

参加会见的还有一对母女，女儿在前期筛查中被查出患有先心病，严才利特意请她们到金边参加会议。随后她和另外 5 例先心病儿童将跟随云南阜外医院的医生一同到中国，他们将很快得到救治。

Day 7：7 月 15 日 磅湛省 巴铁县

筛查的最后一日，为了能够给更多孩子检查，阜外和平安医疗团队兵分两路，早上五点出发，从金边返回磅湛。

一个男孩患 7mm 的室间隔缺损，需要手术治疗。当他的奶奶得知消息时眼泪夺眶而出，她哽咽着断断续续地说：“我们没有钱治疗。”志愿者连忙解释说：“是免费的，并且这是一个很简单的手术，成功率非常高。”

看着站在奶奶身旁的小男孩，忽然觉得他是不幸的，却又是幸运的。他以后会记得今天这一幕吗？但他一定会记得“中国”。

医疗援助小组与当地柬埔寨孩子合影。

龙源南非可再生能源有限公司

一度绿电 照亮“彩虹”

2009年，国家能源集团所属龙源电力集团股份有限公司来到印度洋和大西洋环抱中的“彩虹之国”南非，开启追风征程。2017年10月31日，龙源南非可再生能源有限公司（下称龙源南非公司）德阿风电项目成功转入商业化运行，这是我国国有企业在非洲首个集投资、建设、运营为一体的风电项目，也是南非目前已投产的规模最大的风电项目，具有里程碑式的意义。

投产以来，该项目每年为当地供应稳定的清洁电力约7.6亿千瓦时，相当于节约标准煤21.58万吨、减排二氧化碳61.99万吨。在满足当地30万户居民用电需求的同时，能够有效优化当地能源结构、推进清洁低碳发展。

在提供清洁能源的同时，龙源南非公司也积极履行社会责任，在当地教育医疗、平等就业、社区发展、环境保护等方面做出了诸多贡献。截至2020年6月30日，龙源南非公司累计投入社会公益活动支出约3900万兰特，旨在用每一度绿电照亮南非千家万户。

“助学 · 筑梦 · 铸人”提供优质教育

南非是一个多语言、多民族的国家，英语虽然作为通用语言，但未曾接受过教育的偏远地区民众还是只会使用自己本民族的语言。德阿镇就是这样一个地方，很多人只会说一种当地方言，对外交流有很多困难。教育，是解决这一问题的核心所在。由此，龙源南非公司萌发了在当地“助学 · 筑梦 · 铸人”的念头。

自 2018 年以来，龙源南非公司每年划拨约 400 万兰特用于资助 40 名优秀的本地黑人学生，为他们提供在学期间的学费、住宿费、交通费、生活费和学习用品的费用等。除此之外，公司还特地聘请专业人员为他们提供学业、生活和人生规划等各方面的心理辅导和支持。截至 2020 年 6 月 30 日，龙源南非公司已累计资助 55 名黑人学生，帮助他们完成学业，实现了梦想。

自 2018 年以来，龙源南非公司每年划拨约 400 万兰特用于资助 40 名优秀的本地黑人学生，为他们提供在学期间的学费、住宿费、交通费、生活费和学习用品的费用等。

龙源南非德阿风电场。

龙源南非公司奖学金计划。

达思文是龙源南非公司资助的当地学生之一。他是一名怀有工程师梦想的当地中学生，学习成绩优异，但其家庭收入却无法负担他攻读工程师专业的费用。龙源南非公司了解到达思文的情况后，不仅资助他完成了学业，还承诺他毕业后根据他的成绩，优先考虑录用他为项目员工。达思文在给公司的感谢信中说道："我几乎要放弃自己的梦想，但我又是那么渴望成为一名优秀的工程师。龙源南非公司为我插上了理想的翅膀，使我顺利地成长、成才，我也将不负众望，在学业上继续努力奋进。相信其他受资助的同学也会像我一样，不忘来自中国企业的恩情，我也会将中国企业的善举继续传递下去，让未来变得更加美好。"目前，达思文就读电气工程专业，按照学业要求，毕业前必须有相关的实习经验。鉴于此，龙源南非公司主动联系达思文，并于 2021 年 3 月聘请他到公司风电项目实习。实习期间，公司负责解决他所有的住宿、交通等，并发放生活补贴。

在帮助本地学生圆梦的同时，龙源南非公司还致力于促进当地少儿教育。结合南非当地实际情况，在咨询南非有关青少年儿童教育心理专家后，龙源南非公司开始了建立早教中心的计划。

从 2018 年龙源南非公司出资装修项目所在地社区的儿童早教中心开始，到 2018 年公司运营的第一家儿童早教中心成立，再到 2019 年第四家儿童早教中心成立，龙源南非公司在当地社区成立并运营了四家儿童早教中心，共320余名当地需要帮助的儿童被接收入学。龙源南非公司负担早教中心的师资、住宿、生活用品、食物等全部的运营费用，从根本上助力当地减贫，提高少儿文化水平。

成立社区基金，实施精准帮扶

德阿风电场项目运营期20年内，龙源南非公司计划每年都支出约1400万兰特为项目所在地社区的健康、医疗卫生、技能培训等公益事业做贡献，促进地方经济的良性发展，提升当地社区居民的福祉。

德阿风电场项目运营期20年内，龙源南非公司计划每年都支出约1400万兰特为项目所在地社区的健康、医疗卫生、技能培训等公益事业做贡献。

当地养老院为非营利机构，因缺少政府的资助，养老院的运营常年处于困境之中。龙源南非公司了解到这一情况后，积极与运营方取得联系，表达了资助的愿望。经过双方多次沟通，2020年4月最终确定了资助方案，每年预算为100余万兰特，共资助当地两所养老院。在南非冬季到来之际，公司为90名老人每人新添了2床被子，让老人的冬天不再寒冷。在南非新冠肺炎疫情暴发初期，为保障老年人健康，公司专门资助他们注射了

资助社区举行儿童小推车比赛。

流感疫苗。

同时，龙源南非公司资助北开普省德阿镇的 Lusanda Mfaxa 女士注册了一家名为 Saxola Hope Place 非营利组织，旨在帮助当地社区的残疾人士。目前，社区里共有 5 名残疾人士得到了轮椅、衣物、专业医疗和药品、专用床、食品等必需品的资助。公司每月还为他们提供 2.7 万兰特的生活费，以及各类物资一次性采购费用 8 万兰特。

龙源南非公司于2020 年初开始投资约 600 万兰特重新翻修、建设当地的体育场，目前已计划开展二期项目，包括新增 4 个无挡板篮球场等，新增预算约 250 万兰特。

此外，项目所在地的市政体育场，是最简易的沙土操场，因缺乏资金常年失修。每当市政召开大型活动时，总是没有得体的场所。同时，社区的多所学校及多支足球队平常的训练和比赛也没有去处。龙源南非公司于 2020 年初开始投资约 600 万兰特重新翻修、建设当地的体育场，目前已计划开展二期项目，包括新增 4 个无挡板篮球场等，新增预算约 250 万兰特。此举得到了地方市政及足球俱乐部的高度赞扬。截至 2021 年 3 月，体育场翻修工作已经完成，公司计划于 4 月底正式举行移交仪式，将焕然一新的体育场移交给当地政府。

龙源南非公司疫情期间捐赠。

龙源南非公司通过德阿风电场项目运营及实施各种长期社会公益活动，带来了大量就业岗位，促进了南非贫困黑人就业，特别是项目所在地社区的黑人居民就业。德阿风电场项目建设期创造就业机会超过700余个，运营期每年提供100多个长期岗位。

筑牢地企关系，助力疫情防控

2020年是不平凡的一年，新冠肺炎疫情席卷南非，为了保障当地人民健康，支援政府抗疫行动，龙源南非公司在疫情暴发的特殊时期，与南非政府、医院、社区携手筑牢南非疫情“红色防线”。截至目前，龙源南非公司已向当地政府、社区捐助钱款、物资共计400余万兰特。

疫情暴发后，龙源南非公司先后向开普敦市政府援助91万兰特，向南非北开普省捐赠了总额为237万兰特的善款和抗疫物资，其中包括向公司风电项目周边贫困社区定向捐赠的总额为26万兰特的厕所及储水罐。考虑到当地人民生活困苦,龙源南非公司还专门划拨60万兰特预算，采购1000份食品包分发给受疫情影响急需帮助的贫困居民。龙源南非公司的此次捐赠，获得了北开普省省长苏尔的感谢，“在南非遭遇新冠肺炎疫情的困难时刻，中国政府和企业及时伸出援手，雪中送炭，这是两国友好关系和两国人民友谊的最好见证。”

疫情暴发后，龙源南非公司先后向开普敦市政府援助91万兰特，向南非北开普省捐赠了总额为237万兰特的善款和抗疫物资，其中包括向公司风电项目周边贫困社区定向捐赠的总额为26万兰特的厕所及储水罐。

此外，龙源南非公司还针对儿童群体，积极主动联系南非开普敦红十字儿童医院及SOS国际儿童村，详细了解当前需求，捐款15万兰特用来采购药品、卫生清洁用品、消毒用品等，助力疫情防控工作。

龙源南非公司此前出资近400万兰特采购了一辆专业医疗大巴车，服务于当地社区学生和民众，为他们提供免费医疗服务。疫情暴发后，公司将大巴车和所有的专业医务人员，免费提供给北开普省卫生部门使用，帮助开展病毒检测和筛查工作。截至2020年底，医疗大巴车共进行病毒检测3万余人次。

疫情期间，龙源南非公司积极配合中国驻南非开普敦总领馆参与多轮慈善捐助活动。总领馆专门发来表扬信，称赞龙源南非公司“展现了较高的政治站位和责任意识，树立了在南中资企业良好形象，为推动构建中南卫生健康命运共同体贡献了积极力量，为中南中非友谊添上了动人一笔”。

非洲之星铁路运营有限责任公司

耀亮东非大草原的“非洲之星”

蒙内铁路通过肯尼亚马泽拉斯大桥和大草原。

2017 年 5 月 31 日蒙内铁路开通，肯尼亚总统挥动旗帜发送首趟列车。

在东非大草原、“动物大迁徙”的故乡肯尼亚，有一条全长约 600 公里的铁路，它东起肯尼亚东部港口蒙巴萨，经首都内罗毕，向西延伸至苏苏瓦。作为“一带一路”倡议的早期收获项目，它是中国帮助肯尼亚修建的一条全线采用中国标准的标轨铁路，是肯尼亚独立以来最大的基础设施建设项目，也是肯尼亚实现 2030 年国家发展愿景的“旗舰工程”。它就是蒙巴萨—内罗毕—苏苏瓦标轨铁路，简称“蒙内铁路”。

2014 年 9 月，蒙内铁路开始建设，仅用不到三年时间建成，并于 2017 年 5 月 31 日正式通车。2019 年 10 月 17 日，内马铁路一期正式开通，巩固了肯尼亚作为地区交通和物流枢纽的地位，也为肯尼亚内陆地区及周边乌干达、南苏丹和布隆迪等内陆国家带来了更多的发展机遇。

非洲之星铁路运营有限责任公司是中国路桥注册在肯尼亚当地的“外企”运营公司，由 500 余名中国人和 2000 余名肯尼亚人共同组成。这支中肯融合的运营团队秉持“安全、效率、尊重、诚信”的核心价值观，以成为肯尼亚经济和社会的主要推动力为愿景，以提供“安全、高效、以客户为中心的铁路服务”为使命，砥砺前行。截至 2020 年 12 月 31 日，蒙内铁路已经安全运营 1311 天，累计发送旅客超过 486.50 万人次，累计运送集装箱超过 111.82 万个标准箱，合计 1180.83 万吨。这是中国企业履行社会责任最具说服力的数字里程碑。

截至 2020 年 12 月 31 日，蒙内铁路已经安全运营 1311 天，累计发送旅客超过 486.50 万人次，累计运送集装箱超过 111.82 万个标准箱，合计 1180.83 万吨。

危难时刻显身手的“运输大动脉”

2020 年 6 月寻常的一天，一列 22 节装运化肥的货运列车抵达内罗毕货场卸车线，一位年近花甲的肯尼亚客户 Mwinyi 激动地说，“在最困难的时候，是中国承建的蒙内铁路帮我们解了燃眉之急！”

满载集装箱的货运列车。

随着83001次货运列车开进内罗毕站，来自Autoport公司的9000吨化肥经过10批次运输，全部安全运抵。一直以来，蒙内铁路以其便捷快速、经济安全的运输效果，得到了当地成千上万个像Mwinyi一样的客户的一致好评。

2020年1月以来，突如其来的新冠肺炎疫情席卷全球，肯尼亚已累计确诊逾3万人次，国际航班停飞、宵禁及封城政策导致经济疲软，大量长途汽车司机难以跨越边境，对肯尼亚乃至东非国家的物流行业造成了严重冲击。在此危难之时，贯穿肯尼亚新冠肺炎疫情最严重的三大城区的蒙内铁路，作为肯尼亚交通运输的主动脉作用被凸显出来。

在疫情最严重的阶段，蒙内铁路依然保持24小时不间断运输，保持日均开行13列货车，发送防疫和国民基本生活物资超过2万吨。

在疫情最严重的阶段，蒙内铁路依然保持24小时不间断运输，保持日均开行13列货车，发送防疫和国民基本生活物资超过2万吨，其中累计运送乌干达、卢旺达、南苏丹等东非内陆国家货物5296个标准箱（含防疫物资96个标准箱），保障了肯尼亚的经济发展，满足了人民生活的基本需求。2021年初，蒙巴萨到港货船明显增多，为满足运输需求，蒙内铁路货车日均开行16列，最高单日开行28列，增开了双层集装箱货车，货运量持续上升。2021年第一季度，蒙内铁路共运输了12.34万个标准箱，与去年同期相比，增长了28.2%。

2020年7月13日，在肯尼亚疫情与经济状况日趋严峻的情况下，面对肯尼亚政府的重托，蒙内铁路毅然接下了客运复工的任务——“带疫通车”。2021年1月4日，增开了“夕发朝至”夜间客车，实现每日开行3对客车。“在政府要求定员的情况下，每日满员运送内罗毕至蒙巴萨的民众往返，为肯尼亚经济重启提供了动力。”中肯各大主流媒体均对客运复开给予了高度评价。《旗帜报》指出，“疫情之后，蒙内铁路客货运输将有助于确保整个出行和物流系统更加有弹性和可持续性，真正满足了肯尼亚及其周边地区的客货运需求”。

这条铁路用实际行动和不凡成绩诠释着中国企业关键时刻践行“构建人类命运共同体”的责任担当。习近平主席在中非团结抗疫特别峰会上与肯尼亚总统肯雅塔对话时表示：祝贺肯尼亚在疫情期间通过蒙内铁路确保了将货物从蒙巴萨港不间断地运输到东非腹地。

技术转移中诞生的“活”成果

“中国企业不仅建设了一条令世界为之瞩目的现代化标轨铁路，更实现了授人以渔，推进全产业链的有效技术转移，向肯尼亚提供了自主发展铁路交通的技术和能力。”肯尼亚交通部的一位高级官员这样评价。

在蒙内铁路运营过程中，铁路系统车、机、工、电、辆五大专业的123个技术工种全方位实施了技术转移工作，建立了全体系的技术标准，完成了98个主要技术工种的英文版作业指导书和作业标准，与肯尼亚铁

2021年1月28日，蒙内铁路增开双层集装箱货车运输服务。

路局联合发布了 7 万余字的英文版标轨铁路《行车组织规则》，明确了标轨铁路运输组织的行业标准，填补了肯尼亚标轨铁路技术规章空白，成为推进公司高质量发展的又一利器，是标轨铁路运营管理“中国标准”走出去的重要成果。在培训方面，非洲之星铁路运营公司采取 RTI（肯尼亚铁路培训学校）岗前培训、在岗培训、在职培训、赴华培训四种培训形式，面向 13 所中国专业铁路院校，开设专业基础培训班 62 期，脱产培训肯方员工 2415 名；先后选送了 5 批、70 余名优秀肯方员工代表到中国高等学府进行专业化、精英化培训；技能竞赛方面，有 1583 名员工参赛技术比武，150 名肯方员工晋升技术等级资格。公司通过内部晋升、社会招聘等方式聘任肯方管理人员 307 人，有 6 名肯方高管进入公司管理层。截至目前，肯方员工属地化率近 80%。肯方员工已在主要技术工种开始独立顶岗。有 1072 名肯方员工可以独立完成 58 个作业项目。

Concilia Owire（康西莉亚·奥威）就是这样一位属地化管理及技术

2019 年工电系统技能竞赛圆满成功。

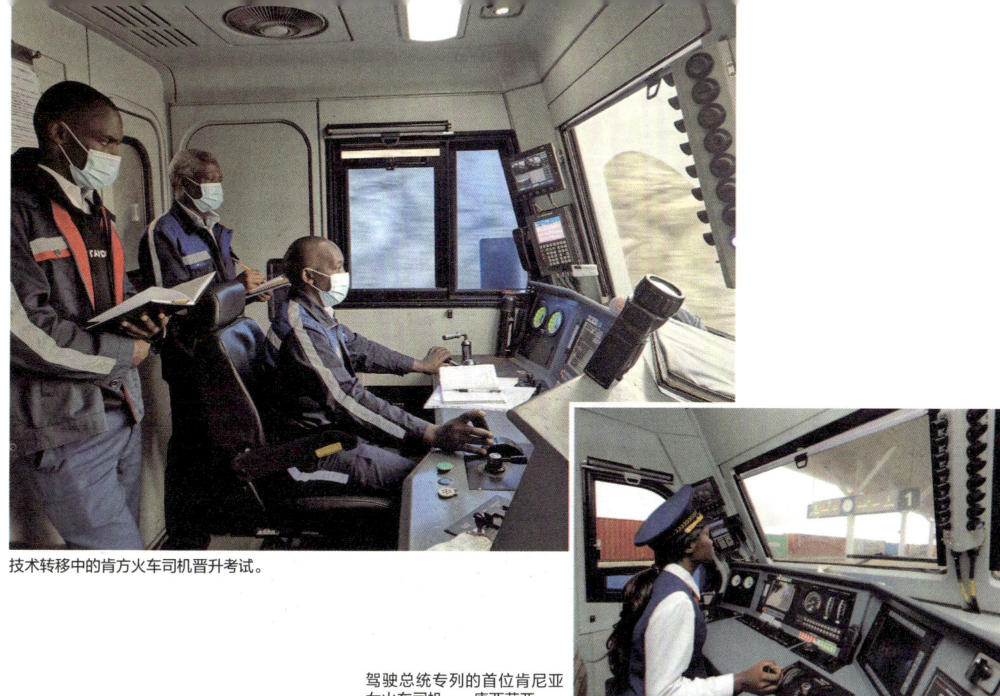

技术转移中的肯方火车司机晋升考试。

驾驶总统专列的首位肯尼亚女火车司机——康西莉亚。

转移过程中诞生的成果——首批肯尼亚标轨铁路女火车司机。

康西莉亚在 2016 年 12 月作为副司机学员入职，2017 年 5 月通过了机车初级副司机考试，2018 年 11 月晋升为机车高级副司机，之后先后担任过机车副司机长、机车初级司机，2019 年 11 月担任机车司机长。要知道在中国铁路一个同样的机车司机长的成长时间要在 10 年左右，康西莉亚在提到自己的职业成长时脸上挂满了自豪。

但最令这位女司机难忘的莫过于她本人曾两次驾驶总统专列，她曾在 2017 年 5 月、2019 年 10 月先后两次在肯尼亚总统乌胡鲁·肯雅塔的见证下驾驶列车。

康西莉亚接受肯尼亚国家电视台（NTV）题为《我的一天——25 岁的蒙内标轨女机车司机》专访时激动地说："感谢非洲之星带给我的一切，我在这里度过了史诗般的三年。我很自豪在这样一家中国企业从事工作，是中国帮助了我们，是中国企业教会我成长……" 该专访视频在 NTV 及整个东非国家媒体黄金时段播出，让整个东非地区人民看到了中国企业的担当和作为。

2019 年 8 月康西莉亚和其他 20 余名同事一起来到了中国参加铁路专项培训，在搭乘复兴号高铁前往广州的途中，这位年仅 25 岁的肯尼亚

蒙内铁路运营公司优秀员工赴华培训。

机车女司机激动地说："这是我平生第一次乘坐这么快速而且平稳的火车，我相信在中国的帮助下我们国家有一天也一定能够实现。"

在培训的结业典礼上，肯尼亚驻华大使萨拉·塞雷姆女士出席并致辞，"蒙内铁路提升了肯尼亚的国家形象，我要代表肯尼亚感谢中国政府，感谢中国路桥这家企业，不仅为我们修建了铁路，还再扶一程，为我们培养铁路人才，要知道这都是无偿的帮助，却被他们称之为'应该的'责任。"

截至2020年底，爱路护路宣导活动共开展150余次，宣导受众超过4万人次、发放安全宣传单近5万张、发展高级协管员31人，囊括了蒙内、内马铁路全线600公里的11个郡近百个村镇。

爱路宣导，辐射全国 11 个郡

为营造蒙内铁路安全和谐的外部运营环境，强化铁路沿线社区居民爱路护路意识，蒙内铁路自2019年4月起开展了面向肯尼亚社会的以"知路、爱路、护路"为主题的系列宣传活动，蒙内铁路的安全官向铁路沿线的各界人士、学校师生、社区村镇居民宣讲铁路安全知识，邀请肯尼亚铁路警察讲解破坏铁路物资设备的危害性，并通过印发铁路安全知识宣传单、为沿线民众赠送印有爱路护路图标的纪念品等方式扩大宣导范围。

截至2020年底，爱路护路宣导活动共开展150余次，宣导受众超过4万人次、发放安全宣传单近5万张、发展高级协管员31人，囊括了蒙内、内马铁路全线600公里的11个郡近百个村镇。许多村镇负责人表示将大力支持蒙内铁路安全运营，管理教育村民，减少破坏铁路物资设备现象。“教育一个人，带动一个家庭，影响整个社区”的宣导目标，在肯尼亚引起了巨大的社会反响。

睦邻友好，与马塞族人铸建友谊

马塞族是东非地区最著名的游牧民族，人口将近 100 万，主要活动范围在肯尼亚的南部及坦桑尼亚的北部。

蓝天白云下，有一个马赛族村庄，坐落在蒙内铁路内罗毕车站附近。2019 年 11 月的一天，非洲之星铁路运营公司日常巡检的员工了解到有一件事正困扰着这里的村民。马赛人生活的地方比较原始，没有市政管网供水，只能从附近的两个储水罐取水，由于年久失修，罐体出水口损坏，严重影响村民的用水。

知晓情况后，运营公司的中肯员工携带工具材料前往马赛村。简单说明来由后，员工们与马赛村的年轻小伙儿们合力将偌大的储水罐推移。随后，量尺寸、锯管、打磨、发电机发电、热熔接管、冷凝后安装水龙头，一气呵成。看到他们如此利落地修好了储水罐出水口，马赛村民们惊讶不已，同时为重新拥有了方便的出水口而欢欣鼓舞。一位不知名的马赛人说道：“CHINA，谢谢！”

在当地开展爱路护路教育。

马赛村小学生参观内罗毕车站。

非洲之星铁路运营公司同马赛村互为友邻，曾多次“出手”帮扶，为马赛族人打水井，为其修建150米石渣便道，也曾邀请70余名马赛村小学师生乘坐蒙内客运列车，让其体验中国标准带来的“肯尼亚新速度”，开启认知世界的窗口。

柔情铁路，急援困难学生

2020年4月23日，第83002次货运列车打破日常行车路线，缓缓停靠在姆蒂托安代车站。利用货运列车在车站会让的时间，工作人员将一部智能手机和50只口罩、2瓶洗手液送到了居住在姆蒂托安代车站附件一位名叫Catherine的学生手中。故事还要从一封求助信说起。

2020年的4月15日，非洲之星铁路运营公司收到一封求助信，来信人就是运营公司2019年初资助的一名品学兼优的贫困学生Catherine。就读于基布韦兹的ST.Joseph女子高中二年级的Catherine在信中这样写道：非常感谢非洲之星铁路运营公司资助我四年的高中奖学金。但由于疫情，学校关闭而采取网上授课教学。我的家庭因经济困难无法为我提供智能手机上网课。为了不中断学习，我诚挚地恳请非洲之星为我提供一部智能手机用于网上学习。

非洲之星铁路运营公司先后资助了7名肯尼亚当地困难学生，并定

非洲之星到苏苏瓦女子中学开展捐资助学活动。

期与他们联系，尤其是在疫情特殊时期，为他们送去了必要的学习用品和关怀与温暖。

为更好地履行社会责任，主动服务社会，助力中肯国家友好互融，蒙内铁路运营至今，还围绕“绿色环保、医疗健康、教育资助”开展了形式多样的帮扶爱心活动，展现了中国企业一贯投身社会公益与助推当地社会发展的风采。

尊重自然，践行生态发展理念

2019 年 11 月的一天，正在疾驰的 A2 次列车忽然紧急停车，当时车上满载着的 1000 多名乘客有些惊慌。这时，列车员在广播中说：“火车刚刚紧急停车，是因为我们的司机为了避让一只穿越铁轨的小斑马，请大家放心，我们的列车依然会准点抵达您的目的地。”车厢里瞬间响起了热烈的掌声。当时乘坐这次列车的还有肯尼亚的 11 位国会议员及铁路局安全总监，他们纷纷对这个停车的善举竖起了大拇指。

充满人文关怀的“绿色”发展新样板，是中国企业在肯尼亚始终秉持的目标。在铁路建设伊始，蒙内铁路建设者就高度关注对肯尼亚特有动物与自然环境的保护，根据沿线野生动物迁徙种类、迁徙路径及活动习性统筹设计。一是利用既有交通走廊，减少生态影响。二是设置野生

蒙内铁路穿过东非大草原。

动物通道，方便动物迁徙。三是设置电栅栏，避免动物进入铁路红线范围。四是降低桥墩面积，减少公园土地的占用。蒙内铁路全线共设置大型野生动物通道 14 处，采用 6.5 公里特大桥穿越公园的方式，占地面积最少，园内动物可自由穿行，最大限度地减少了对肯尼亚野生动植物的影响，从各方面展现出中国企业对于非洲大草原的尊重和对动物的人文关爱。

自蒙内铁路开工建设以来，中国路桥连续发布了 5 期《肯尼亚标轨铁路社会责任报告》。在 2019 年 12 月的发布仪式上，时任中国驻肯尼亚大使吴鹏说："肯尼亚标轨铁路建设带来的经济社会效益将进一步提升，由其承载的中肯合作的成果正逐步呈现于肯尼亚经济社会发展的每一个角落。"中国企业在海外的光辉形象在这里得以凸显。

如今，蒙内铁路承载着国家"一带一路"倡议的期望与肯尼亚人民的福祉，凝汇着中肯民心相通，同呼吸、共命运的"中肯发展共同体"信念，带着响彻非洲大陆的汽笛声，戴月披星，载着责任，装着希望，携着梦想，正驶向安全、驶向幸福、驶向未来！

中国航空技术国际控股有限公司

Dream and Invent Your Future

——航空工业 ATC 项目的故事

7 月的肯尼亚内罗毕，天气晴朗，温度适宜，一群怀揣着梦想的青年从肯尼亚和非洲各地踏上通往内罗毕的旅程。他们通过学校、国家的层层筛选，获得了参加在内罗毕举办的第六届非洲职业技能挑战赛(Africa Tech Challenge，ATC）的资格。通过 ATC，他们不仅可以学习到最先进的技术，还有机会为学校赢得大额的工业订单，为自己赢得到中国学校深造的机会，从而改变自己的命运。此刻，他们难以抑制自己激动的心情，望着窗外飞驰而过的风景，在脑海里描绘着美好未来的蓝图。

“我们还能做些什么？”

几十年来，中国航空工业集团有限公司（下称航空工业）及其下属的中国航空技术国际控股有限公司（下称中航国际）一直致力于推动非洲各国的国计民生发展。在一代代航空人的努力下，设备齐全的学校、先进的医疗服务、平坦的道桥、坚固的房子、大规模的电站……一个个民生项目陆续落地，极大地改善了当地人的生活水平。看着当地人民满足的笑脸，中航国际人有了新的疑问：除此之外，我们还能做些什么?

通过在非数十年的积累，中航国际人认识到，对当地的年轻人来说，这里是一片充满机会的热土，但他们却不具备职业技能。2014 年 5 月，李克强总理访问肯尼亚期间，曾亲笔题词：“青年就业是国家的希望”。这句话给了中航国际人灵感，“授人以鱼不如授人以渔”。中航国际人不仅要建起先进的车间、配上先进的设备，更要教给当地青年先进的技术。中航国际通过举办职业技能培训及比赛，提升当地青年人就业技能，促进教学与产业链结合，打造出了中国企业在海外履行企业社会责任的新

第六届 ATC 合影。

模式。ATC 也应运而生，从 2014 年开始，每年举办一届。

“我有一个梦想”

当 Teddy 得知自己通过了学校和国家的选拔，将代表乌干达参加这届 ATC 之后，她激动得整晚都睡不着觉。

这是 Teddy 第一次离开自己的家乡乌干达，当站在肯工大那座和周围建筑截然不同的中式牌楼下时，她感到既兴奋又紧张，在心里默默祈祷能为自己的国家赢得这个比赛。

为了能够参加第六届 ATC，Teddy 付出了极大的努力，她知道已有几百个青年通过 ATC 实现了自己的梦想，这是一个可以改写人生的机会，她必须牢牢抓住。这个信念支撑她在乌干达落后的机房里熬过了无数个日日夜夜。

走进肯工大的机房，Teddy 被眼前先进的机床吸引了，这是她从未见过的数控车床和铣床，Teddy 不知道的是，这些设备在中国的职业院校中已经非常普及。

由于队伍成员都是第一次接触数控设备，这给了他们极大的挑战，困惑、失落在开始的几天里不断地困扰着他们。这间东非最大的数控加工车间里的设备能够加工非常精细的零件，这使 Teddy 产生了一个强烈的愿望：把这些先进技术带到乌干达，教给更多的人。这个信念逐渐占

Teddy 与队友讨论数控编程案例。

据她的内心，从理论到编程，再到操作机床，五周时间里，Teddy 拿出所有的时间来学习，吃饭、坐车都不忘掏出笔记复习。

老师们发现了 Teddy 的焦虑，主动在课后给她补课。Teddy 把每一位老师都当作自己的偶像，并梦想成为和他们一样的老师，将先进的机械加工技术传授给国内更多青年。

遗憾的是，因为基础薄弱，Teddy 和她的队友们并没能在本届 ATC 中获得名次。但 Teddy 给每一位学员都留下了深刻的印象，同学们称她为“一位强大的女性”，她的脸上永远写着坚毅。虽然这次没有获胜，但相信 Teddy 会带着她的这种求知精神继续努力，并感染和影响更多的乌干达青年通过努力改变命运、实现梦想。

每天早上叫醒他的不是闹钟，而是梦想

在第六届 ATC 的培训现场有一块小黑板，这是为了方便老师进行理论教学特意搬到车间里面的。随着培训进入到实践操作阶段，这块小黑板逐渐被“闲置”了。有一天，大家惊喜地发现小黑板上画上了 ATC 的 Logo（标志），为单调的机房增添了一抹亮色。是谁画上的呢？经过工作人员的几番努力，终于找到了这位低调的“画家”，来自 Meru National Polytechnic（梅鲁国家工学院）的 Oscar。

当工作人员找到他并对他的画表示赞赏时，Oscar 只是低着头腼腆

地笑着。老师和助教都说 Oscar 一直是这样腼腆，说话的声音也是小小的，存在感不高，但在培训期间，他是最努力、最投入的一个。每天放学，他总是舍不得离开自己的机床。

在非洲，“African Time”是一个专有名词，用来形容非洲人随意的时间观。原本担心学员们会因为“African Time”而迟到的工作人员，后来却因为 Oscar 的“African Time”，开始担心自己的下班时间。

能够分散 Oscar 学习注意力的只有一件事，那就是画画。每次的 ATC Talks、小测、出游活动等通知，Oscar 都会主动画在小黑板上，后来这块小黑板就被 Oscar“承包”了。他愿意牺牲自己的休息时间来为 ATC 画画，工作人员担心他太累，问他会不会因为缺少睡眠而起不来床。Oscar 却说：“我立志成为一名世界级的机械设计工程师，原来觉得这个梦想无比遥远，直到参加了 ATC，每天早上叫醒我的不是闹钟，而是梦想。”

Oscar 感谢 ATC 这个项目，感谢中航国际可以给他提供这样的平台，他希望自己能给 ATC 增添一点色彩，因此他不觉得画画是牺牲休息时间，反而庆幸自己有这样的特长能让他对 ATC 的感激之情通过手中的画笔，描绘在这块小小的黑板上。

努力就会有回报，在第六届 ATC 上，Oscar 所在的 Meru National Polytechnic 取得了团体第一，获得了中航国际提供的工业订单。Oscar 本人获得了个人第一，等他结束在本国的学习后会到中国继续深造。

“我可以，你也可以”

在坦桑尼亚的乞力马扎罗机场，Apollo 正和老师、队友一起候机，他们即将飞跃乞力马扎罗山前往内罗毕参加第六届 ATC。在 Apollo 眼里，此刻他手里拿着的不仅仅是一张前往内罗毕的机票，更是一张通往美好未来的机票。他很清楚，只有很少一部分非常幸运的人才能参与到本次 ATC 项目中，这个机会来之不易，因此更要加倍珍惜。

和大多数非洲男孩一样，Apollo 性格热情活泼，是一个不折不扣的气氛调动者，永远精力充沛。他喜欢在社交网络上分享自己在 ATC 的日常，但他总不满意自己有些过时的手机拍出的照片效果，于是他就不放过任何一个可以拍照的机会，总是主动要求工作人员用他们“先进”的

Apollo（右一）与坦桑尼亚团队正在研究数控编程操作。

手机和相机给他拍照。然后他会把和机床、老师、助教等的合影，配上真切的文字发到自己的社交网站主页上，他说希望可以通过自己的分享，让更多的青年人知道 ATC，了解 ATC，并努力参加 ATC。

让 Apollo 苦恼的是，自己的主页影响力太小，怎么才能让更多的青年人知道 ATC 呢？ ATC Talks 解决了 Apollo 的苦恼。ATC Talks 一直是 ATC 的亮点环节，旨在通过邀请非洲当地官员、企业家和青年偶像等与参赛学生们进行面对面交流，鼓励学生通过不懈努力改变命运、实现梦想。

第六届 ATC 邀请了肯尼亚青年偶像 Teacher Wanjiku 作为 Talk 的主持人，她独具魅力的主持方式感染了每一位学生。看着自己的照片通过 Teacher Wanjiku 的社交主页获得了大量的点赞和关注，Apollo 感到无比开心，他想把自己能够参加 ATC 的这份幸运传递给更多非洲青年，给更多非洲青年的人生带来转机。

Apollo 感到无比开心，他想把自己能够参加 ATC 的这份幸运传递给更多非洲青年，给更多非洲青年的人生带来转机。

在第六届 ATC 中，Apollo 以个人第三名的成绩获得了到中国深造的机会。他把领奖的照片上传到了社交网站上，他想告诉所有青年人，不仅仅是他一个人可以通过 ATC 改写人生，每一位有志青年都可以。

ATC 的老朋友

2019 年的第六届 ATC，除了工作人员和中国老师之外，还有另外一位“老朋友”Newton。

Newton 来自肯尼亚西部，家里有一些田地，种一些蔬菜，可以用于养家，但对于 Newton 来说，这不是他想要的生活。Newton 从小就喜欢制作一些东西，大学时选择了机械制造专业，由于学校和实习的工厂都只有普通机床，很多客户送来的零件都无法生产，这让 Newton 无比沮丧。通过老师的介绍，Newton 参加了第五届 ATC，通过 ATC 接触和学习了操控先进机床的技术。在接受采访时，Newton 说 :“在这次的 ATC 培训中，我学习到了以前完全接触不到的知识，这是非常重要的，对我来说甚至比赢得比赛还要重要。”如今 Newton 已经完成了自己的学业，并进入肯工大的数控车间工作,他通过 ATC 实现了自己的梦想,过上了想要的生活。

在第六届 ATC 中，Newton 主动提出担任教师，为本届的学员提供指导。Newton 每天早早到达学校,检查好每一台机床,等待学员们来上课。为了帮助基础较差的学员，Newton 放弃每天中午和课间的休息时间给学员们补课和答疑。因为 Newton 明白，这些学员和他一样，要抓住 ATC 这个极其宝贵的机会，改变命运，实现梦想。

同时，对于学员来说，看着 Newton 通过 ATC 取得今天的成就，是一种极大的鼓舞，激励着他们更加努力学习技术。

关于 ATC

从 2014 年举办第一届 ATC，到 2019 年第六届 ATC 开幕，如今，ATC 在非洲已有较大影响力及良好声誉，有 8 个非洲国家参赛，比赛专业涉及普通机械加工、数控机械加工、APP 编程、木工、钢筋工和混凝土工技能等多项专业。

截至目前，ATC 共惠及 203 所非洲院校、701 名参赛选手，共有 7 所学校获得了航空工业提供的 50 万美元的生产订单，109 名学员获得奖金奖励，15 名学员获得中国留学机会，45 名学员获得在航空工业实习及工作机会，使得“Made in Africa”（非洲制造）和“Study in China”（学在中国）成为现实。

以“Dream and Invent Your Future”（梦想和创造你的未来）为主题，ATC已成为中国企业履行海外社会责任的一个品牌项目，树立了中国企业良好的海外形象，也成为海外当地真正需要的、可持续发展的企业社会责任模式。相信未来，ATC将惠及更多的非洲青年，帮助他们提升技能，改变命运，实现梦想。

第五届 ATC 闭幕式——让“非洲制造成为可能”。

中材水泥有限责任公司

善用资源推动和谐共赢
履责担当共建“一带一路”

中国建材赞比亚工业园是中国建材集团旗下的中材水泥有限责任公司积极响应“一带一路”倡议和央企“走出去”号召，向海外寻求发展迈出的第一步，也是按照中国建材集团国际化战略布局，向非洲区域亮出的一张国际化名片。

中国建材赞比亚工业园现有年产 100 万吨熟料水泥生产线、年产 6000 万块烧结砖生产线、年产 70 万吨骨料生产线及年产 20 万立方米混凝土生产线，主要产品包含水泥、混凝土、烧结砖、骨料、机制砂、石粉六大类，未来计划发展水泥制品、高科技建材产品、建材产品的国际贸易等，旨在打造辐射整个非洲东南部的综合性建材产业基地。

美丽的非洲大草原。

环境为先，实现绿色发展

在赞比亚这片神奇的国度里，有着旖旎秀丽的自然风光，当地政府对于环境保护的要求也极为严格。良好的生态环境是最公平的公共产品，也是最普惠的民生福祉。

以前，水泥企业总给人们留有“高耗能”“高污染”的标签，中国建材人决心用坚定的环保理念和踏实的环保举措，打破这一传统刻板印象，以实际行动守护这方青山绿水，打造绿色工程。

中国建材赞比亚工业园坚定践行绿色发展的新理念，将环保理念融入项目规划、设计、建设、运营各环节，将可持续发展原则有机融入项目全周期，突出绿色建材、绿色发展新内涵，实现绿色和可持续发展。

中国建材赞比亚工业园将环境要素放在首位，按照“环境、安全、质量、技术、成本”进行经营要素排序，努力做到环保合规，不断建立健全绿色管理体系，持续评估和完善环境污染事故应急预案，构建起了绿色低碳的发展方式，确保各污染源及环境风险点均处于稳定及可控状态。与此同时，还建立了“组织架构－制度体系－资金保障－技术支撑－环保监测－应急预警－信息公开”全流程的绿色管理制度。中国建材加强对赞比亚环保方面法律、法规的学习，将环保理念融入中国建材赞比

中国建材赞比亚工业园构建起了绿色低碳的发展方式，确保各污染源及环境风险点均处于稳定及可控状态。

花园中的绿色水泥工厂。

亚工业园的整体规划、建设、运行、维护工作中。

为能从源头管控能耗、提升资源利用率，中国建材赞比亚工业园采用先进环保工艺实现节能减排，尽最大努力减少企业运行对环境的影响，因地制宜开展环保行动。公司注重资源综合利用，将优质石灰石作为水泥原料，剥离土（弃土）用来生产中高档烧结砖，品位较低的石灰石生产骨料，并增加了机制砂和石粉的生产工艺。

此外，中国建材赞比亚工业园采用低能耗设备和低温余热发电、密闭式生产等节能环保的生产工艺，严格控制粉尘等污染物排放，用尽可能低的消耗和排放制造优质低碳产品。为减少温室气体排放，合理利用废弃余热，公司同步设计了纯低温余热发电系统。基于当地阳光充足的特点，中国建材赞比亚工业园在全厂范围内安装太阳能路灯 285 套，日节电 470 千瓦时，年节电费 2.06 万美元。同时，积极倡导绿色办公并将其纳入日常绩效考核，推行电子化办公及视频电话会议系统建设，积极推进 OA 办公系统和 ERP 生产管理系统，实行线上审批，大大减少了纸张的浪费，提高了办公效率。另外，中国建材赞比亚工业园注重厂区的美化、绿化、净化、亮化工作，致力于建设“森林工厂”“花园工厂”，持续打造中国企业“走出去”的绿色品牌，探索工业与自然和谐共处的现代生产方式。

如今，当人们来到已经投产运营两年多的中国建材赞比亚工业园中，都会不禁感叹，掩映在赞比亚美丽的蓝天白云与青草绿树之间的这座现代综合建材工业园，已经有了自己的新标签——“森林工厂”。将保护青山绿水作为第一责任，中国建材人正与赞比亚人民一道，共同守护这片绿色美丽的家园。

如今，当人们来到已经投产运营两年多的中国建材赞比亚工业园中，都会不禁感叹，掩映在赞比亚美丽的蓝天白云与青草绿树之间的这座现代综合建材工业园，已经有了自己的新标签——“森林工厂”。

同心聚力，助力合作共赢

中国建材赞比亚工业园秉承互利共赢的合作理念，将中国的技术、管理经验和资金带到赞比亚，充分发挥示范效应、辐射效应和联动效应，产生了良好的经济和社会效益，建立了相互理解、包容、尊重的发展格局和共享机制，实现了与当地各方的互利共赢，共同发展。

中国建材赞比亚工业园重视将创新技术、创新设备和创新理念深植

中国建材赞比亚工业园承办 2018 年赞比亚机电设备管理维护海外培训班。

赞比亚工程建设，推动优秀的施工管理经验向赞比亚转移，注重培养当地国际化人才，建设良好的人才共建合作交流平台，助力赞比亚自主长远发展。

授之以渔，大力培养当地人才。公司在赞比亚首都卢萨卡购置土地建设管理中心，作为国际化人才锻炼、培养的基地，为工业园的运营及

Chalimbana 大学师生 200 人分批次参观中国建材赞比亚工业园。

在非洲东南部的业务拓展打下了基础，有助于传播国内先进的技术和管理经验，促进当地国民素质的提高。

示范带动，推动技术创新应用。作为中国建材集团自主设计、自主投资、自主建设、自主运营的综合性工业园，中国建材赞比亚工业园坚持选用国内成熟、可靠的技术装备，带动国内装备制造业“走出去”，以工业园区的协同效应，推动中国施工工艺、规范标准、管理经验等逐步向赞比亚转移落地。

深化合作，带动地区发展

中国建材赞比亚工业园坚持扎根当地，加强属地化运营管理，与当地社会持续建立战略伙伴关系，整合各方优势资源，最大限度带动当地社会经济发展。

截至 2020 年 8 月，中国建材赞比亚工业园雇佣当地员工 147 人，其中技术人员 94 人，普通员工 53 人。

促进当地就业。中国建材赞比亚工业园在项目建设及运营过程中，坚持回报社区，创造就业岗位，最大限度带动当地就业，提升周边民众劳动技能和收入水平，促进当地经济发展。截至 2020 年 8 月，中国建材赞比亚工业园雇佣当地员工 147 人，其中技术人员 94 人，普通员工 53 人。

2018 年 7 月 26 日中国建材赞比亚工业园正式投产。

中国建材赞比亚工业园 sinoma 系列产品推介会成功举办。

加强本地合作。为了在项目建设过程中惠及当地产业与人民，中国建材赞比亚工业园高度重视当地元素的落实，深入了解当地市场供应情况，寻求与当地供应商、分包商及服务提供商建立合作。项目建设过程中，尽量采购当地物资和服务，通过供应链、产业链和价值链的合作，培育了一批与工业园共同发展的本地供应商。参与中国建材赞比亚工业园一期工程的设备、材料制造、银行、中介机构及施工安装等当地企业已经超过 100 家。

带动沿线经济。中国建材赞比亚工业园的建设项目完善了当地交通基础设施，对产品加工基地、物流园区、产业开发区等各类工业园区的建设起到促进作用，带动当地工业、服务业的加速发展，有效地拉动了赞比亚国内企业的运营和项目周边地区经济的发展，努力将更多的价值留在当地，为赞比亚国家和当地人民带来长久福祉。

参与中国建材赞比亚工业园一期工程的设备、材料制造、银行、中介机构及施工安装等当地企业已经超过 100 家。

以人为本，推动多元融合

中国建材赞比亚工业园在当地的发展离不开多方的支持与协助。多年来，中国建材赞比亚工业园秉持“坚守责任，创造和谐，成就价值”的核心理念，坚持以人为本的发展理念，将员工视为企业发展的重要基石，主动关爱、关心员工。在创造经济价值的同时，积极拓展与当地社会各界的友好关系，以企业为纽带和桥梁，推动跨文化融合，积极树立负责任、敢担当、有大爱的中国央企形象。

互尊互信，提升人才价值。中国建材赞比亚工业园严格遵循赞比亚当地的法律法规，促进公平就业，保障员工合法权益，将公开、竞争、择优体现在招聘、培养、激励等各个环节，促进企业与员工共同发展成长。根据赞方员工实际情况选拔优秀人员，不断完善上岗培训方案，对合格的操作员工转正提薪，加强赞方员工认同感、归属感。坚持有效沟通，持续推进员工意见、建议收集活动，及时听取员工诉求，积极关注员工的思想生活动态，营造了积极和谐的劳动关系。

重视成长，成就事业梦想。为加强员工法律观念、安全观念、保障意识，中国建材赞比亚工业园定期组织法务风险、薪酬体系、安全教育、法律环保等多项实务培训，落实以人为本、促进员工发展。同时，关注员工的专业能力、职业素养、思维体系的全面提升，加强员工梯队建设，持续拓宽员工个人可持续发展的职业路径。

人文关怀，打造有温度的企业。中国建材赞比亚工业园作为一家跨国经营的企业，员工来自多元文化背景，如何打造文化平等、相互交融的企业氛围，把中赞员工的积极性、主动性真正激发出来，是中国建材赞比亚工业园管理者们一直思考和实践的重要课题。

高空坠落安全应急演练。

消防安全应急演练。

云南省文化艺术团《魅力彩云南》专场员工慰问演出。

中国建材赞比亚工业园致力于让企业成为员工安全可靠的伙伴和快乐舒适的家，希望与全体员工一起创造可持续的美好未来，并将内心的幸福向社会传递。中国建材赞比亚工业园积极推动员工文化交流，开展中国特色节日活动，开展团队建设活动，切实增强员工的归属感和幸福感。通过中赞员工共度传统节日、积极组织文体活动等方式，丰富文化生活，打造了多元、开放、和谐的园区氛围。

中国建材赞比亚工业园积极推动员工文化交流，开展中国特色节日活动，开展团队建设活动，切实增强员工的归属感和幸福感。

服务民生，共建幸福家园

幸福是什么？对于中国建材赞比亚工业园周边的 Nachitete 村而言，那就是崭新的学校、干净的课本、宽敞整洁的医院，有了这些每天就能满怀希望。

在中国建材赞比亚工业园到来之前，这个村子的学校设施简陋，没有稳定的教师资源和良好的学习环境；诊所面积狭小，医疗资源有限，不能满足周边社区的医疗需求。2016 年 9 月，由中国建材赞比亚工业园出资建设的学校和医院正式动工，2017 年 3 月 31 日，盛大的交接仪式在新学校广场举行。如今，这里的校园书声琅琅，医院管理井井有条，赞比亚政府部门也将该学校、医院纳入赞比亚国家体系，配备了稳定的教师队伍和医疗队伍。

从前的 CHIFWEMA 路坎坷不平，下雨时更是泥泞不堪，灰尘和颠簸是这条路留给行人唯一的印象。在当地政府无力投入的情况下，中国建材赞比亚工业园主动承担起了道路扩建的重任。扩建后的道路宽阔笔直，白天，人来车往，热闹非凡；晚上，路灯点缀，当地民族音乐夹杂着啤酒瓶的碰杯声此起彼伏……这里俨然已经成了一个初具规模的现代化小集镇，切实改变了当地人民的生活，带来了更多希望。

CHIFWEMA 路通车剪彩仪式。

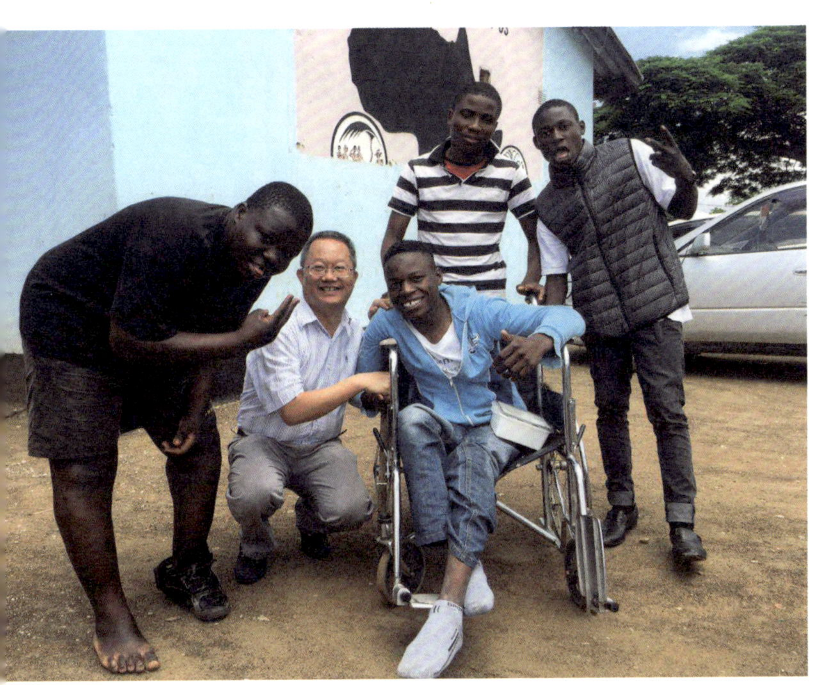

慰问卢萨卡孤儿院的孩子们。

Nachitete 村和 CHIFWEMA 路的故事，可以说是中国建材赞比亚工业园多年来助力赞比亚当地民生改善、坚持回馈社会、增进社会福祉的缩影。国之交在于民相亲，民相亲在于心相通。中国建材赞比亚工业园在注重自身发展、保证经济效益的同时，积极加强社区沟通与交流，建立了和谐友好、共同发展的社区关系。修路打井、翻修清真寺、定期探望慰问孤儿院、捐建医院学校、捐助艾滋病防治基金、邀请中国援赞医疗队开展健康义诊、参加孔子学院社会招聘、服务霍乱疫情防控……一连串的公益善举，是中国建材赞比亚工业园积极履行社会责任、服务改善民生的真实写照，也为巩固发展中赞两国传统友谊注入了新的时代内涵。

云南云天化联合商务有限公司

以精耕缅甸市场为切入口
云天化集团全面融入辐射中心建设

缅甸是一个以农业为主的国家，20 世纪 80 年代一度有“亚洲粮仓”的美誉。缅甸的农业产值约占国内生产总值的 1/3，农产品出口约占出口总量的 1/4，缅甸有近七成的人口从事与农业生产相关的工作，超过六成的国家劳动力和生计主要来源于农业。但缅甸农业发展极不均衡、农民及化肥经销商普遍缺乏农化知识、农业基础设施薄弱、物流运输条件差、缺乏基本的灌溉和加工设施、农业投资不到位等因素，严重制约了缅甸农业的高效发展。

云天化集团有限责任公司（下称云天化集团）抓住云南作为面向南亚东南亚辐射中心的地位优势，秉承“开放包容、互利共赢”的原则，大力开拓中国—中南半岛经济走廊、孟中印缅经济走廊，实施“走出去”战略。2016 年 7 月，在云天化集团的统一部署和安排下，云南云天化联合商务有限公司（下称联合商务）在缅甸仰光成立了子公司——瑞丰年肥料有限公司（下称瑞丰年），旨在缅甸建立以化肥销售为主体的服务型营销组织，打造以农业产业链为纽带的协作性营销组织，构建从农业技术支撑到农业人才培养的扶持发展规划。

云天化集团党委副书记、总经理、副董事长胡均表示，“一带一路”倡议为企业国际化进程打开了广阔的空间，云天化集团依托自身优势，将中国先进的种植技术和农资产品带出国门，在改善缅甸农业种植现状、推动缅甸农业现代化进程中，通过培养本土化的农业技术人才，帮助缅甸农民实现增产增收。

参与缅甸的农业建设

云天化集团与其下属的瑞丰年一方面积极主动参与缅甸的农业建设，与缅甸政府合作开展农业项目专项研究，引进中国和其他国家先进的农业开发理念和现代农业技术，帮助缅甸解决农业发展过程中的瓶颈问题。另一方面，携手缅甸农业机构，引进中国先进的农业种植技术，为缅甸农民提供系统化农业技术服务和全套种植解决方案，构建缅甸农业产业链系统工程。

此外，携手中国工程院、华中农业大学成立高原特色农业研发团队，在中缅边境建设高原特色作物科技示范园，推动中缅跨境经济区建设，目前项目进展顺利。

由于汇率波动巨大，缅币长期呈现贬值趋势，缅甸流通市场高达80% 的赊销现象严重影响了基层化肥渠道的建立。缅甸 90% 以上的化肥销量多集中于一级批发商和工业客户，缅甸农民很难购买到价格实惠、质量稳定的优质化肥。2016 年，瑞丰年在缅甸组建成立了营销团队，30

2016 年，瑞丰年在缅甸组建成立了营销团队，30 名团队成员中缅籍员工有 27 人。

"一带一路"催生合作良机，云天化含除草功能的 DAP 在缅甸开展田间试验。

名团队成员中缅籍员工有 27 人。短短几年间，他们成了云天化集团连接缅甸农户的“形象大使”，先后在缅甸仰光省、伊洛瓦底省等 6 个主要的粮食种植和肥料销售区域构建了 6 大运营中心，建立了 8 家“云天化”品牌展示店和 96 家镇村级授权经销店，减少中间环节，将云天化集团优质、绿色的化肥直接送到缅甸农民的田间地头。

提供全套科学种植方案

依托云天化研发中心的科研力量，联合商务根据缅甸的土壤结构和种植现状开展测土配方，针对缅甸不同区域气候、不同土壤特点和不同种植结构提供订制化服务。通过测土配方，为缅甸土地“量身定制”肥料配方，有针对性地生产适合缅甸土壤和农作物的肥料，不断丰富缅甸化肥产品种类。新增了添加微量元素的磷酸二铵；在灰色普通重钙的基础上，推出了涂油微量元素的重钙；针对缅甸中部种植经济作物区域，升级原有产品，增加了不同配方的复合肥；先后推出了针对水稻、玉米、棉花、花生、芝麻等不同作物的专用肥和针对豆类作物的水溶肥等升级产品。

缅甸农户使用后，发现增产增收明显，且没有出现土壤板结的情况，都高兴得不得了。有个叫吴昂莫的缅甸农户说：“往年一亩只能产出 200 公斤左右的稻米，施用云天化集团的肥料，经过科学的配比和农化技术指导，一亩田地可以产出 450 公斤的稻米。”

伊洛瓦底省姜贡镇农户吴貌貌登说：“往年用的肥料没有固定采购渠道，容易被假货欺骗。自从云天化集团在缅甸开展渠道运营以后，肥料的品质和高效得到了保障，在种植过程中遇到的困难都得到了解答，投入产出比提高了一倍多。”

缅甸是一个传统农业国家，农业是主要的经济来源，好的收成意味着农民可以过上好的生活。缅甸农民的化肥知识相对欠缺，用肥结构单一，主要以尿素等为主。云天化集团作为中国最大的化肥生产企业，积极推行平衡施肥的理念，云天化集团的农技人员深入田间了解农作物的生长情况，提供作物栽培指导，还手把手地教授当地农民系统的田间管理知识，旨在真正帮助缅甸农民增产增收、脱贫致富。

示范田。

推广示范试验田

2020年，联合商务下属瑞丰年克服新冠肺炎疫情的影响，与缅甸农业部联合在缅甸首都内比都共建20英亩（1英亩=4046.86平方米）水稻示范田，通过网络指导缅甸农民年中进入收割期。云天化集团在内比都雷维镇的示范田举行了收割活动，收割测产后，每英亩产量达到了2.76吨，同比增产14.5%，获缅甸农民集体点赞。

示范田项目负责人表示，云天化集团的肥料品质好、肥效强，不仅为缅甸农民提供了科学的种植方案，还手把手教给当地农民科学的施肥技术，帮助他们提高种植水平。亩产的增加不仅可以提高缅甸农民的收入，还促进了缅甸农业的发展。

缅甸农业与畜牧灌溉部农业司司长吴耶定通表示，缅甸农业部在缅甸正积极推广良好的农业规范，云天化集团建设的示范田应用优质的肥料和科学的种植技术，在增产增收的前提下，减少了对土壤养分结构的破坏，保证了水稻质量，减少了环境污染，生产出了营养健康的粮食。他呼吁当地农民积极了解云天化集团，施用云天化肥料，学习云天化科学的施肥理念和防治病虫害技术。

云天化集团建设的示范田应用优质的肥料和科学的种植技术，在增产增收的前提下，减少了对土壤养分结构的破坏，保证了水稻质量，减少了环境污染，生产出了营养健康的粮食。

瑞丰年作为云天化集团在缅甸的企业，致力于为缅甸农民高产高效种植提供解决方案。瑞丰年勃固省经理阿卡觉作为2019年瑞丰年在缅甸首都内比都100亩示范田项目负责人，就示范田从播种到收割过程中的

内比都观摩会航拍。

肥料施用和科学田间管理方案进行了详细讲解。内比都不同镇区的三位示范田农户代表先后分享了使用云天化“三环”肥料促农作物增产增收的秘诀。

示范田现场观摩会通过现场收割和测产的实际对比，加深了缅甸农民对优质化肥产品和科学种植技术的认知，提升了他们对云天化磷酸二铵在促进水稻良好生长方面的信心。当地农民纷纷表示，在旱季种植时，他们会优先选择使用云天化集团的产品。

设立“云天化奖学金”

2016年，云天化集团和缅甸耶津农业大学（下称耶津农大）首次开展校企合作。2017年云天化集团在耶津农大设立“云天化留学基金”与“云

内比都观摩会收割。

内比都观摩会现场测产。

天化奖学金”，资助品学兼优的本科、硕士、博士学子们专注农业研究。

云天化集团计划用五年时间，每年资助耶津农大 50 ~ 200 名师生到云南农业大学进行访问或留学。同时，云天化集团还将帮助耶津农大建设化验室，改善教学、科研条件。

2018 年 3 月 22 日，云天化集团总经理胡均出席首届“云天化奖学金”颁奖典礼，对获得“云天化奖学金”的 29 名学生表示祝贺。2019 年 7 月 23 日，云天化集团副总经理刘和兴出席耶津农大第二届“云天化奖学金”颁奖仪式，为 3 名在读博士研究生、6 名硕士研究生和 20 名本科生颁发了获奖证书，发放了总金额 2.9 万美元的奖学金。至此，耶津农大先后有 58 名学生获得“云天化奖学金”，共计 5.8 万美元。

自 2017 年设立“云天化留学基金”以来，已有 60 余名耶津农大的师生成为“云天化留学基金”的受益者，他们来到中国进行交流学习，仅 2018 年留学人数就达到 24 人（不含学历培养留学生）。

未来，云天化集团将继续加大与云南农业大学、耶津农大的合作力度，着重在农业设施应用及推广、资助留学生互换培养、专业技术共享等方面发力，致力于提高缅甸农业技术人员的专业水平，推动缅甸农业现代化不断向前发展。

自 2017 年设立“云天化留学基金”以来，已有 60 余名耶津农大的师生成为“云天化留学基金”的受益者，他们来到中国进行交流学习，仅 2018 年留学人数就达到 24 人（不含学历培养留学生）。

培养当地农技人员

云天化集团与云南农业大学和耶津农大签订了三方合作协议，培育缅甸当地农业人才，服务缅甸发展。近三年来，瑞丰年持续招收耶津农大的优秀毕业生，为近 50 名耶津农大的毕业生提供实习或就业岗位。

玫缅努嘟、肯貌通和崇泰瑙都是瑞丰年的缅籍员工，由瑞丰年安排前往昆明参加云南农业大学主办的 2019 年缅甸现代农业人才提升国际工作站农化知识专业培训，他们都以优异的成绩完成了全部课程，取得培训合格证书。

玫缅努嘟说：“非常感谢云天化集团让我有机会前往中国昆明参加培训，在两周时间里，我学到了现代农业种植技术，掌握了如何科学防治病虫害的方法，回去以后我将努力促进缅甸的绿色农业和可持续发展。”

现已成长为瑞丰年马圭区域主管的泰昂 2018 年荣获“联合商务优

云天化农会活动。

秀外籍员工”荣誉称号。他先后参加了在北京中国农业部农技中心举办的东盟农业人才培训，以及在昆明举办的缅甸现代农业人才提升国际工作站农化知识专业培训。泰昂非常珍惜每一次前往中国参加培训的机会，他对新知识求知若渴，每节课后他都拿着小本子去请教老师，把平常在田间地头遇到的实际问题和与当地农户聊天时交流的问题一一向老师请教，直到弄懂弄通为止。

泰昂说：“缅甸农民能了解到的农业知识太少了，作为云天化集团的农技推广人员，农户把我看成了一本百科全书，遇到困难就向我求助，我得不断充实自己，才能及时有效地帮助他们解决问题。农户的问题解决了，我的工作自然也变得更有价值。”从刚毕业的大学生到成为独当一面的农业技术人员，在瑞丰年工作的三年时间里，泰昂对于参加专业培训后带来的业务提升深有感触。

为帮助缅甸培养本土的农业技术人才，从 2017 年开始，瑞丰年先后安排 15 名缅甸籍员工前往中国云南参加由云天化和云南农业大学共同举办的短期农化培训班。为更好地普及农化知识，引导当地农民科学施肥、

从 2017 年开始，瑞丰年先后安排 15 名缅甸籍员工前往中国云南参加由云天化和云南农业大学共同举办的短期农化培训班。

中央电视台和云南电视台联合采访当地农户对于施用云天化“三环”牌肥料的感受。

合理用肥，云天化集团还推荐了 12 名合作伙伴和优秀经销商代表共同参加学习。

联合商务国际贸易总监蔡世军表示，安排缅甸优秀员工参与在中国举办的农化培训，一方面有利于提高员工的农业专业知识，提高他们日后工作过程中的农化服务水平；另一方面也让外籍员工有机会前往云天化集团的生产企业参观学习，清晰了解化肥的生产流程，便于在实际销售过程中更好地为缅甸客户讲解专业的产品知识。

参加过培训的缅籍员工表示，到中国参加培训不仅学到了专业的农业技术知识，更感受到中国经济的高速发展，真正见识了中国负责任的国有企业的真诚和实力，相信云天化集团一定可以助力缅甸农业发展。

此外，瑞丰年还通过农会活动、参与缅甸农业部及耶津农大组织的各类型社会活动，对缅甸农户进行农化基础知识的培训。

随着“一带一路”倡议不断深入人心，云天化集团与孟中印缅经济走廊沿线国家的交流和沟通进入融合发展状态，不仅产品持续深耕精耕，国与国之间、民与民之间的互联互通也取得长足进步。

为更好地普及农化知识，引导当地农民科学施肥、合理用肥，云天化集团还推荐了 12 名合作伙伴和优秀经销商代表共同参加学习。

中国华能集团有限公司

滔滔桑河水“点亮”柬埔寨万家灯火

柬埔寨首相洪森出席电站竣工仪式并剪彩。

在柬埔寨王国东北部的上丁省，一座长达6.5公里的“亚洲第一长坝”屹立于桑河畔，形成了一个面积达330平方公里的巨大水库。它利用湍急的河水产生电能，并调蓄桑河上下游的水量，这一宏伟工程被视为中柬能源务实合作的典范，它就是由中国华能集团有限公司（下称中国华能）控股运营的柬埔寨最大的水电工程——桑河二级水电站。

作为中国“一带一路”倡议和柬埔寨“四角战略”对接发展的重点项目，桑河二级水电站秉持“和平合作、开放包容、互学互鉴、互利共赢”的丝路精神，为柬埔寨经济社会发展提供了强大的能源支撑，带动了当地各产业的联动发展。

桑河二级水电站形象面貌。

2018 年 12 月 17 日，柬埔寨王国首相洪森出席桑河二级水电站竣工仪式，高度赞扬中国为柬埔寨电力事业和经济发展做出的贡献，对中国华能大力支持柬埔寨电力建设表示感谢。洪森首相表示："桑河二级水电站的竣工投产，解决了柬埔寨发展的很多问题，进一步推动了柬埔寨工业、农业、制造业、旅游服务业的发展，为柬埔寨的能源安全、降低电价、减少贫困做出了重要贡献。"

环保理念贯穿全程，打造"精品工程"

项目建设前，桑河二级水电站坝址是人迹罕至的原始森林，由于经历多年战争，工地遗留大量的地雷。为确保施工安全和进度，扫雷和工程建设同步进行。柬埔寨地雷行动中心（CMAC）历时1年，对桑河工程勘探、建设区域及库区进行了全方位扫雷作业，排除遗留爆炸物207颗。

自2013年10月项目开工以来，工程建设克服了自然环境恶劣、疾病多发、施工资源紧缺、设备运输及交通不便等重重困难，历经5年风雨兼程，2018年10月，电站8台机组全部投产发电，创造了柬埔寨水电工程建设史上的纪录，被誉为"中国速度"。电站采用的8台中国制造的5万千瓦灯泡贯流式机组，其额定水头、单机容量在同类型机组中均处于世界前列。

2018年10月，电站8台机组全部投产发电，创造了柬埔寨水电工程建设史上的纪录，被誉为"中国速度"。

中国华能始终坚持"在开发中保护、在保护中开发"的方针，积极打造环保水保典型示范工程，维护好桑河流域的生态环境。为尽量减少工程对河流生态环境的影响，满足洄游鱼类通道需求，维持该区域鱼类多样性，桑河二级水电站在项目BOT（即建设—经营—转让）协议和柬埔寨政府均未要求修建鱼道工程的情况下，主动投入约150万美元在电站右岸增设仿生鱼道。

仿生鱼道不仅为途径电站的鱼类提供了洄游路线，还发挥了生态廊道功能。站在大坝上看，鱼道为旁路水道形式，每5～10米设置一级蛮石坎，缺口呈错缝型，分隔形成一个个小水池以消减上下游水位差，每个池室留有过鱼口，像多个"回形针"一样。因鱼道长达约3000米，每800米设置一个长约100米、宽50米、水深2.5米的大"休息池"，当鱼类从下游来到上游后可在大小水池"养精蓄锐"，之后继续顺利洄游到上游。人性化的"休息区"不仅缓解了鱼类旅途劳顿之苦，还作为一个观赏区，供当地人欣赏鱼类逆流而上洄游产卵的奇观，感动了无数游客，唤醒人们的生态环保意识。

通过一系列保护性措施，桑河水电站实现了资源开发与环境保护协调发展。除此之外，桑河水电站对大气保护、生产生活污水处理、水土保持等都有详细规定。值得一提的是，桑河二级水电站采用的地埋式成套生活污水处理设施，有效地将处理后的废水用于营地绿化灌溉，进行循环再利用。

勇担发电“主力军”，保电抗疫“双在线”

柬埔寨水资源丰富，但开发能力有限，常年面临电力供应不足、用电高度依赖进口的问题。桑河二级水电站总库容27.2亿立方米，总装机容量40万千瓦，占柬埔寨全国总发电装机容量的14%，每年为柬埔寨提供近20亿千瓦时的清洁能源，极大地缓解了柬埔寨电力供应不足的现状，并大幅度降低了当地的用电成本。按照当前柬埔寨全国1500万人口、全年社会用电量120亿千瓦时来计算，桑河二级水电站解决了200多万柬埔寨人一年的用电需求。

桑河二级水电站总库容27.2亿立方米，总装机容量40万千瓦，占柬埔寨全国总发电装机容量的14%，每年为柬埔寨提供近20亿千瓦时的清洁能源，极大地缓解了柬埔寨电力供应不足的现状，并大幅度降低了当地的用电成本。

对此，柬埔寨矿产能源部部长瑞赛激动地说：“桑河二级水电站就是柬埔寨的发电主力军。”他表示，电站带动了金边、磅湛、桔井等周边地区的电力基础设施建设，保障了柬埔寨在用电方面的独立性和安全性，对加快湄公河流域水电资源开发、改善柬埔寨能源结构具有重大意义。不但如此，桑河二级水电站还发挥了电力供应“稳压器”的作用。2020

桑河二级水电站仿自然式鱼道。

年 2 月，桑河二级水电站发电量占柬全部水电总发电量的 57.2%。2 月 25 日，柬埔寨其他电站因跳闸对当地电网安全运行产生一定冲击，桑河水电站紧急开启 4 台备用机组，8 台机组全部运行，为柬埔寨电网正常运行、稳定经济社会发展带去了持久可靠的动力。

2020 年初，一场突如其来的全球新冠肺炎疫情极大地考验了桑河水电站的管理运营能力。桑河二级水电站慎终如始抓好疫情防控，携手柬籍员工筑牢防疫“防火墙”，桑河水电站现场及驻地所在上丁省所有人员“零感染”，实现了战“疫”保生产的双目标。

“受疫情影响，春节期间回国的同事不能按时返岗，检修人员也不能入厂，我们留下来的人就要承担更多的责任，在困难面前，只有打起十二分的精神才能一起扛过去！”桑河水电站运维部的负责人李明如是说。抗疫大考面前，桑河水电站坚持“人员减少、标准不降”的原则，在距离汛期不到 2 个月的时间里，完成 5 台机组检修和 230 千瓦系统双回送出线路新间隔接入工作，高效完成机组消除缺陷、排查隐患、技术改造等 110 余项重点工作。

疫情暴发以来，中国华能以担当友爱的姿态，投入驻在国政府的抗疫活动中，先后 3 次向当地政府及合作伙伴捐赠口罩 4 万只，传递了“华能温暖”。

青山一道同云雨，明月何曾是两乡。疫情暴发以来，中国华能以担当友爱的姿态，投入驻在国政府的抗疫活动中，先后 3 次向当地政府及合作伙伴捐赠口罩 4 万只，传递了“华能温暖”。

传递“扶贫经验”，建设中柬“友好村”

“一带一路”连接的是发展，也是民心。中国华能秉持“建设一座电站，带动一方经济，保护一片环境，造福一方百姓，促进一方和谐”的水电开发理念，积极将库区移民村建设成为中柬友好扶贫示范村，借鉴中国“扶贫经验”助力柬埔寨农村减贫，使中柬两国人民友谊如桑河之水，深厚绵长。

作为柬埔寨最大的水电工程，桑河二级水电站移民搬迁安置工作也是当地有史以来规模最大、人数最多的项目。桑河水电站坚持“迁得出、稳得住、能发展”的工作思路，推行“对症下药，靶向治疗”的“精准扶贫”经验，工作人员多次走村入户，以实际行动帮助村民们减少顾虑和贫困，建立起和谐共融的企地关系。

新移民村住房与居民老房子。

蔡开明是一名柬埔寨第三代华裔，从小会说一口流利的汉语，2013年底到桑河水电站工作的他担任柬语翻译及移民搬迁协调人的角色，见证了桑河水电站为当地发展做出的实实在在的贡献。回想起参与移民工作的经历，蔡开明说："中国的扶贫经验很好，给我们移民村的减贫工作带来了很大的启发，我也一直在研究学习。"结合当地实际，桑河水电站移民工作按照"小分散、大集聚"的原则布局安置点，确定了三个移民点、三种移民方式供村民选择，移民新居也分为木质房和砖混房两类，这充分尊重了移民群众的意愿，满足了其生活生产需求。

作为三个移民点之一的赛谷村，学校、医院、寺庙、警察局等机构一应俱全，排水系统、电网、水井等原先老村庄欠缺的基础设施也全部配套。赛谷村的村长费·奔檀表示："没搬过来之前，我们一家五口人住在茅草顶的棚屋里，经常是外面下大雨，里面下小雨，而且村子里不通电、不通公路，日子过得很艰难。"2015年搬到移民村之后，他们一家分得了一块1000平方米的宅基地、一栋80平方米的木质和混凝土建的高脚楼、5公顷的田地。"我们搬来移民村就没有再回去过了。新的村子里路好、房子好，有新打的水井，桑河水电站还为村子里架起了电网，电价也便宜。现在的生活好太多了！"

更令人欣喜的是，电站移民新村实现了"输血""造血"相结合。桑河二级水电站为新搬迁户提供粮食，并请农业技术人员指导村民耕作，帮助他们适应新生活，村民们原先的贫困局面不断改善。

2015年搬到移民村之后，他们一家分得了一块1000平方米的宅基地、一栋80平方米的木质和混凝土建的高脚楼、5公顷的田地。

截至 2017 年 10 月 22 日，桑河二级水电站完成全部 840 户 3690 人的移民搬迁工作。

“在新村子里，我们可以保留以前的生活方式，继续种田、打鱼。这里交通、教育、卫生条件都更好了，而且农田面积也比以前大多了，只要努力，日子会越来越好！”已搬迁入住新安置点的村民孔卡这样说。对于未来，孔卡也有自己的打算。目前，他家种植了 3 公顷水稻，剩下 2 公顷农田他打算攒够钱之后种上腰果树和芒果树。“我们根本不用担心农产品卖不出去，现在村子旁边就是 78 号公路，经常会有中间商上门来收购。”

桑河水电站移民工作的开展，彻底改善了村民们的生活条件，改进了落后的生产方式，甚至出现了一些原本不在搬迁范围内的村民争当移民户的情况。还有移民村的孩子表示要努力学习，争取以后到桑河水电站上班。有了移民新村的吸引力，桑河水电站移民搬迁工作进展顺利。截至 2017 年 10 月 22 日，桑河二级水电站完成全部 840 户 3690 人的移民搬迁工作。

如今，走进移民新村，一排排红墙蓝顶的高脚屋格外醒目，新修的学校、卫生所等公共设施分布有序，连通外界的 78 号公路从旁边蜿蜒而

组织移民村小学师生参观电站。

过，这个柬埔寨东北山区的偏远小村庄焕发出勃勃生机。晚上，大多数村民们很喜欢看中国的电视连续剧，电力基础设施为世界闭塞的一角引入了现代流行文化。

中国的扶贫模式逐渐“嫁接输入”到了当地村落，扶贫成果也在电站移民村“落地开花”。蔡开明表示，搬迁之前，百姓都还有些不放心，搬迁之后，大家都后悔没有早点搬进来。他说：“现在桑河二级水电站移民新村已经成为柬埔寨移民扶贫项目的示范工程，连洪森首相在参加电站竣工仪式时都说，想来移民新村住上一晚，体验一下当地移民的幸福新生活。”

六年来，桑河二级水电站向柬埔寨红十字会捐款累计 27.5 万美元，多次组织捐赠抗洪救灾物资、慰问移民学校、邀请当地民众参观电站等活动，积极参与支持电站周边政府部门、群众社区建设工作，与当地人民建起无缝沟通、密切合作的“友谊之桥”，走出与当地融合共生、和谐发展的希望之路。

“本土化”运营，提供优质就业岗位

企业“走出去”更要“走进去”，实现落地生根、开花结果，“本土化”是关键的一环。桑河水电站建设初期，中国华能就主动转变观念、大胆创新管理，实施运营管理“本土化”和国际化人才队伍建设的发展策略，通过培养倚重柬埔寨当地人才的方式，既优化电站人力资源结构，又解决当地电力人才短缺的难题。

25 岁的高亦凡，从柬埔寨金边电力技术学院毕业后，便来到桑河二级水电站从事运维工作，是电站最早一批从事生产技术类工作的柬籍员工之一。“初到桑河水电站时，设备仪表上的曲线表示什么我都看不明白，让我感到非常迷茫和无助。”高亦凡坦言道。针对这个“难题”，他的中方师傅总是手把手地悉心指导、言传身教。经过四年磨砺，他从一名跟班实习的学徒成长为独当一面的电力工程师。用他的话说，中国华能不仅改善了他的生活，也成就了他电力工程师的梦想。

2020 年 1 月，桑河二级水电站组织柬籍员工赴中国参观华能光伏电站和风电场新能源项目。作为亲临者之一，高亦凡在现场激动地说：“以前只能在学校课本上了解的知识，这次有幸可以实地参观学习，希望在

高亦凡在进行电气预防性试验。

华能企业的帮助下，未来柬埔寨也可以有光伏、风电这样大规模的绿色能源。”回国后，高亦凡还将“中国新能源之旅”的见闻和感受，分享给桑河水电站其他柬籍同事，并主动宣传中国在新能源开发领域的成就与环保理念。

像高亦凡这样承担重要技术工作的当地员工，在桑河二级水电站已超过员工总数的五分之一，并且其他工种当地员工比例更高。他们在华能不仅学到了中国先进的电力技术知识，也学到了先进的生产管理经验。电站建设以来，累计聘用 220 余名柬埔寨籍员工从事电站运行维护、综合管理、物业后勤等日常工作，施工高峰期为当地提供了 2000 余人的就业岗位。

电站建设以来，累计聘用 220 余名柬埔寨籍员工从事电站运行维护、综合管理、物业后勤等日常工作，施工高峰期为当地提供了 2000 余人的就业岗位。

2019 年，柬埔寨上丁省省长蒙沙仁视察电站时曾评价道，桑河二级水电站不仅极大地改善了本省工业、居民用电的情况，而且也为本地居民创造了大量工作岗位，为柬埔寨培养了一批工程建设、水电技术的专业人才。蒙沙仁说：“我相信会有越来越多的外资企业到上丁省投资，‘一带一路’建设为我们带来了发展机遇！”

中国能源建设集团安徽电力建设第一工程有限公司

在地中海岸建设一颗电力工业明珠

古代“丝绸之路”始于中国，途径土耳其。因古丝路而结缘的中土两国，随着“丝绸之路经济带”和“21世纪海上丝绸之路”的建设又一次紧密联系。

2015年10月，在安塔利亚二十国集团峰会期间，中土两国政府签署关于“一带一路”倡议与“中间走廊”倡议相衔接的谅解备忘录，宗旨之一就是促进亚欧区域经济合作，实现双赢和共同繁荣。土耳其胡努特鲁2×660兆瓦超超临界燃煤发电机组正是在此背景下投资建设的。

该项目位于土耳其阿达纳省尤穆尔塔勒克市Sugözü（苏古组）村，紧邻地中海伊斯肯德伦海湾，项目总投资约17亿美元，是“一带一路”和土耳其“中间走廊”倡议下的重点项目，是中土两国建交以来中资企业在土耳其金额最大的直接投资项目。项目主机及主要辅机选用国产设备，中国设备供货率超过90%，实现了中国规划、设计、标准、设备、

土耳其胡努特鲁2×660兆瓦超超临界燃煤发电机组鸟瞰图。

环境保护：现场航拍图。

技术、管理和服务的全面“走出去”。中国驻伊斯坦布尔总领事崔巍称赞该项目在土耳其具有很高的开创性和示范性。

中国能源建设集团安徽电力建设第一工程有限公司正是土耳其胡努特鲁 2×660 兆瓦超超临界燃煤发电机组的最大施工单位，同时承担 1# 和 2# 机组建筑、安装及全场公用部分施工、设备代保管等，被投资方誉为“天下第一标段”。项目主厂房于 2019 年 9 月 22 日浇筑第一罐混凝土，2022 年 5 月两台机组全部投产。项目投产后将是土耳其最先进、清洁、高效、可靠的世界一流燃煤电厂，每年可向土耳其供应电力 90 亿千瓦时，约占土耳其年发电量的 3%。

项目主厂房于 2019 年 9 月 22 日浇筑第一罐混凝土，2022 年 5 月两台机组全部投产。

没有烟囱的电厂上了土耳其国家广播电视台

作为中国企业在土耳其投资的第一个海滨煤电项目，其节能环保性能、指标备受土耳其社会广泛关注。

2019 年 10 月，项目开工不久就接受了土耳其国家广播电视台（TRT）专题采访。面对电厂鸟瞰图，项目部对记者一一讲解：“为了降低煤耗、减少污染物排放，电厂采用压力等级最高的超超临界燃煤发电技术，极大提高燃煤机组的效率、减少总用煤量、降低污染物排放。同步配套建设烟气脱硫和脱硝装置及专用煤码头，进一步提升项目节能环保性能……”

“这个电厂怎么没有烟囱？”一位记者好奇地问。

“我们采用了循环水冷却塔烟塔合一的建造技术，将使烟气排放浓度进一步降低到世界公认标准的五分之一以下。”负责介绍技术的人员笑着回答道，“这种设计在中国和欧洲已经广泛应用，但在土耳其还是第一次。”

当晚，土耳其国家广播电视台以“没有烟囱的电厂具备世界最优排放标准，不会影响生态环境”为主题进行了报道。报道称，中国企业投资建设的胡努特鲁电厂作为土耳其首个无烟囱电站，引入了中国最高端的环保技术，在降低排放的同时维护海洋生态平衡。

土耳其国家广播电视台成立于1964年，是土耳其唯一的国营广播和电视媒体，旗下有18个电视频道和54个广播频道，影响力遍布欧洲、亚洲、非洲和澳大利亚，该新闻的播出可谓为中国企业做了一次免费广告。

总统埃尔多安签署“总统令”，电厂厂址成了“特别工业区”

2019年5月，项目部第一批人员进驻施工现场后，立即大量走访、调研土耳其属地建筑施工资源结构、施工能力、建材市场供应情况，咨询属地钢材、建材、五金劳保、气体供应、机械租赁、人力资源、生活办公等市场价格。短短4个多月，项目部就引进属地化建筑分包商5个、租赁各类施工机械20余台、招聘属地劳务用工700余人，采购各类生产、生活物资170余万美元，确保了工程9月22日第一罐混凝土浇筑，实现了高标准开工里程碑计划。

项目启动以来直接带动周边6个村庄及杰伊汉市700余人就业，居民失业率从25%降到5%。

开工仪式上，阿达纳省省长玛罕穆特·德米塔史（Mahmut Demirtaş）先生致辞说，项目启动以来直接带动周边6个村庄及杰伊汉市700余人就业，居民失业率从25%降到5%。该项目采用最先进的发电技术，对该地区的历史和自然风光实行最严格的保护，项目投产后将对地区经济及国家发展做出重大贡献。希望该项目能成为中土投资合作的标杆典范，中土合作未来前景广阔。

2019年10月3日，土耳其总统埃尔多安签发第1608号总统令，批准胡努特鲁电厂厂址为土耳其阿达纳特别工业区。这是土耳其中央政府第一次批准发电企业（电厂厂址）为特别工业区。2020 年 7 月 10 日，总统埃尔多安再次签署第 2730 号总统令，宣布胡努特鲁电厂项目码头区域为特别安全区，成为土耳其首个获批为特别安全区的私营码头。

一个中国企业两次获批总统令，两次刷新历史纪录，不仅体现土耳其政府高度认可胡努特鲁电厂的战略价值，更是表示高度信任中国企业的社会责任和经济价值，对营造胡努特鲁项目建设的良好外部环境、提升中资企业在土耳其的良好品牌形象具有重要意义。

截至 2020 年 6 月底，项目共接触属地分包商 82 家，经筛选，具备引进条件的有 45 家，并建立属地分包资源库，引进合格材料供应商、施工分包商共计 14 家。项目部属地采购钢筋、管材、板材、油漆涂料及二三类材料，累计 1090 万美元（预计后续采购约 500 万美元）。项目实际发生工程分包结算、机械租赁、劳务工资、生活临建、办理机票、工作签证、税务、社保、广告、劳保等共计 1369.4 万美元，预计工程结束将为土耳其提供经济建设总量 7000 万美元。

截至 2020 年 6 月底，项目共接触属地分包商 82 家，经筛选，具备引进条件的有 45 家，并建立属地分包资源库，引进合格材料供应商、施工分包商共计 14 家。

“我想去中国！”

2020 年初全球新冠肺炎疫情相继暴发。3 月 11 日土耳其发现第一例新冠确诊病例，随后疫情快速蔓延。3 月 20 日项目部果断采取措施，现场实施“封闭”管理，所有人员“只出不进，防止输入”，全员戴口罩、体温检测、进行区域消毒等，实施防疫“中国经验”。现场 700 余名土籍员工得知“封城”消息后,不少员工选择离开,但绝大多数员工选择留下:“我们相信中国人没有病毒！相信现场是最安全的地方！”

在封闭管理 + 错峰施工 5 个多月的“至暗时刻”里，项目部始终坚持“防疫情，促生产”，不仅全员“零疑似、零感染”，还确保施工安全有序推进。

大疫之下，生命至上。欧姆是毅然决定留守现场的女工之一。一天晚上，她的丈夫带着三个孩子摸黑走了 4 公里山路来到现场，隔着警卫岗亭看望欧姆。这是欧姆结婚 18 年来第一次长时间在外住宿。看着活泼的小儿子给她学唱歌谣，她含泪说：“疫情很快过去，你和妈妈很快就能团聚！”

儒斯坦·比热是180吨起重机操作工，4月份疫情最严重之际，他的儿子因交通事故手臂骨折。看着他心急如焚的样子，项目部主动提出安排专车、专人送他去医院，但时间不能超过2小时。为了降低疫情感染风险，他毅然决定暂不回去，每日通过电话为孩子加油打气。直至“开斋节”期间，他依旧留守现场配合施工，敬业精神令人敬佩。

丁恰尔是污水处理站一名机械维修与看护员，疫情以来，他连续坚守岗位5个月，为持续保障现场混凝土养护用水、职工生活用水做出重要贡献。

法力丹也是一名女工，疫情前在项目部食堂帮厨，她对中国和中国文化兴趣浓厚。疫情期间，她主动申请留下代替已经辞职的办公区保洁员工作。她每天总是第一个来到办公区，对每个工位进行擦拭、消毒，做好通风和废弃口罩的集中处理。在茶水间，她的工位上不仅贴着“中国福”、中土国旗，还摆放着一本汉语入门读物。每天做完工作，她总会打开手机APP自学中文，并用汉语拼音做笔记。法力丹说：“希望‘中国福’能给这里带来更多好运，我要尽快学会汉语，等疫情过后，我想去中国！”

土籍女工法力丹在工作之余自学汉语。

绿海龟宝宝比去年增多200余只

地中海东北角伊斯肯德伦海湾，被列为世界自然保护联盟红色名录绿海龟（濒危物种）和蠵龟（易危物种）最重要的产卵繁殖区。每年4月1日至9月30日是海龟交配、产卵、孵化季，也是土耳其自然保护和国家公园总局严格巡查的海龟保护季，规定从海岸边界线向陆地方向1000米范围内均为海龟保护区。在此保护季和保护区内施工，必须严格执行各种规定，比如白天禁止噪声、海滩休闲，夜间禁止施工和强光照明等。

2020年4月以来，项目部主动邀请土耳其海龟保护专家进行全员管理培训，按照《海龟保护专项规定（专家签字版）》严格落实。8月2日下午，土耳其国家广播电视台新闻频道再次聚焦项目部，突击采访海龟保护情况。记者在土耳其自然保护和国家公园总局第七分局专家的带领下，进入海龟保护核心区查看海龟巢穴数量和孵化情况。在1.5公里的海岸线上，专家发现52个海龟巢穴，比2019年增加了10个，按照每个巢穴

2020年4月以来，项目部主动邀请土耳其海龟保护专家进行全员管理培训，按照《海龟保护专项规定（专家签字版）》严格落实。

20 ~ 30 个海龟卵计算，2020 年至少增加 200 余个海龟宝宝。

“真不可思议！”记者们兴奋地叫起来，“原以为中国企业在这里施工会影响我们的海龟繁殖，没想到反而增多了！”

“你发现没有？这里的海滩十分干净，没有垃圾。”参加检查的现场环境监理 Umut Firat（乌姆特 · 法拉特）指着海滩对记者说。

“为什么？”记者不解地问。

“因为再过一周时间，幼龟宝宝就要破壳而出，爬进大海。为了让宝宝尽快进入大海，减少在海滩的停留时间，降低被猎食的风险，前几天，项目部组织志愿者到海滩上清理塑料袋、塑料罐等垃圾，为宝宝们回归海洋扫清障碍，为海龟繁衍留出了生命通道。”Umut Firat 自豪地说。

中国能建安徽电建一公司项目部组织人员到海滩清理垃圾。

2020

中国企业国际形象建设案例集

跨文化融合类

K U A W E N H U A R O N G H E L E I

中国石油化工集团国际石油勘探开发公司

扩大能源合作“朋友圈”

国勘公司主动建立和谐社区关系，注重中外团队建设和多元文化融合，通过扩大能源合作“朋友圈”、携手构建命运“共同体”，赢得良好的经济效益、市场信誉和品牌声誉。

浩瀚的太平洋将中国与拉丁美洲分隔万里。从巍峨的安第斯山脉到原始的亚马孙热带雨林，随着越来越多的拉美国家加入“一带一路”倡议，两个大陆板块的距离不断缩短，中国和拉美国家架起了合作共赢的桥梁。

作为上中下游全产业链一体化的大型能源化工公司，中国石油化工集团有限公司（下称中国石化）在这条“一带一路”拉美延伸带上，以“共建共享共赢”的合作理念和方式，推动各领域务实合作，形成利长远、惠民众、可持续的发展模式。中国石化下属的国际石油勘探开发公司（下称国勘公司）在拉美国家开展油气投资与经营作业的同时，积极履行企业社会责任，主动建立和谐社区关系，注重中外团队建设和多元文化融合，通过扩大能源合作“朋友圈”、携手构建命运“共同体”，赢得良好的经济效益、市场信誉和品牌声誉。

一个团队、一个目标，打造“合唱团”

企业发展的关键在于吸引人才、用好人才、留住人才。中国石化坚持“一个团队、一个目标”，以信任、学习、融合的思路开展“双学”活动，既促进中方员工熟悉国际化经营规则与惯例，又引导外籍员工感受中国石化大家庭的温馨、中华文化的独特魅力，积极选树宣传“洋劳模”“洋铁杆”，实施人性化的福利制度，实现了员工与企业共同发展。

“请把我的歌带回你的家，请把你的微笑留下……”这首欢畅的《歌声与微笑》曾在国勘哥伦比亚圣湖能源公司的油田作业现场风靡一时。让大家心情愉快地传唱这首歌的原因，源自在优秀企业工作的骄傲与自豪，也源自哥中人民互帮互助的信任与依靠。

在文化深度融合中实践“一个团队、一个目标“，实现员工与企业共同发展。

哥伦比亚圣湖能源（MECL）是中印合资公司，股东双方成立联合作业平台，各委派两位股东代表担任合资公司高层管理人员，其余员工均为当地雇员。由于中国、印度、哥伦比亚三方之间有文化差异，融合之路并非一路畅通。中方员工责任意识强，工作效率高；印度国际员工则将经济效益放在第一位，民族自尊心和宗教信仰很强；哥伦比亚当地员工尊重个性,有热情和活力,但有时过于乐观。多元文化的碰撞与冲突，给生产经营带来巨大挑战。

中方管理层意识到，要从根本上建立一个高效运作的公司，必须从战略高度去认识和解决这一问题。在逐步认识和解决文化冲突的过程中，公司高层管理人员找到跨文化管理的切入点，即建立以战略管理为抓手的价值导向性文化。一切经营行为均以创造价值为目的，管理体系、行为规范、政策策略均围绕价值创造设立。

圣湖能源公司将企业战略目标作为员工个人价值实现的最好载体，实施平衡记分卡策略，将公司短期经济效益和长期可持续发展结合，在创造利润的同时做好安全环保管理，在降低运行成本的同时注重对员工的培养、对社区的回馈，找到经营的最佳平衡点。该公司采取多种“润物细无声”的手段，例如张贴企业文化标识，发放企业文化及发展战略

结合中国、印度和当地文化元素，建立独特的人文管理体系，采取“润物细无声”的手段促进文化融合。

圣湖能源公司结合中国的“五行”理念及印度和当地的文化元素，以“金、木、水、火、气”5种抽象元素代表人文管理五大理念，启动了员工家庭关怀工程，从多维度出发改善员工工作环境和生活质量。

宣传册，开展各类论坛、典型宣传等活动，开设高管专用网络对话区域，对违背企业文化精神的行为和实例进行个案剖析，开展安全环保管理最佳团队、最具执行力团队、年度最佳等劳动竞赛活动，发放领导力、执行力类书籍，开展调查与整改活动等，逐步将战略目标转化为员工的思维习惯与自觉行为，让战略更好地落地生根。

在圣湖能源公司的511名员工中，哥伦比亚籍员工有507人，占员工总数的99.2%。早期由于员工工作家庭难以平衡，导致员工流动性增强，对人力资源管理提出挑战。圣湖能源公司结合中国的“五行”理念及印度和当地的文化元素，以“金、木、水、火、气”5种抽象元素代表人文管理五大理念，启动了员工家庭关怀工程，从多维度出发改善员工工作环境和生活质量。

“金”即公平参与培训。定期开展石油基础、项目管理、安全操作等专业培训，丰富知识储备，提升专业技能，打造“多面手”，资助业绩突出的员工，提供全员公平的教育机会。

采用弹性工作制，开展员工家庭关怀工程，提升员工幸福感。

“木”即员工储蓄计划。向员工自愿退休金账户汇入部分补贴，扩大未来退休金领取基数，增强员工的积极性、稳定性，还可以降低人力成本，实现员工与企业的双赢。

“水”即弹性工作方式。受居住地点、交通方式、文化生活习惯等因素影响，员工到达公司的时间差别很大。公司通过调查制定了三种不同时间的弹性工作制，让员工按照自己的工作生活节奏选择，大幅提升了员工的幸福感。

“火”即关爱员工生活。为员工提供了包含 7 天额外假期的“时间支票”，以及餐饮、旅行、购物商业优惠等诸多福利。还定期召开听证会，广泛听取员工的意见建议，不断优化和完善生活质量管理体系。

“气”即实施民主管理。通过抽样问卷调查、重点问卷调查、员工座谈会等方式倾听员工心声，深入细致地了解员工诉求，营造充满正能量的工作环境。

圣湖能源公司中方管理层认为，只有设身处地替大家着想，才能换

圣湖能源公司中方管理层认为，只有设身处地替大家着想，才能换来尊重，让大家和企业一条心、一起干。

通过支持当地畜牧业发展，不仅提升了资源国居民的生活质量，还改善了周边生态环境。

来尊重，让大家和企业一条心、一起干。一名当地女员工由于丈夫远赴中国学习，动了离职的念头。公司不仅把她送到中国的大学学习，还帮助她的丈夫联系实习，解除后顾之忧。她打心眼里感激公司，回圣湖能源后全力投入工作，她说："为了中国石化，我就算再辛苦也坚决不离开。"

通过有温度的人文管理，圣湖能源公司员工流失率明显降低，也因此获得当地组织授予的EFR（建设员工友好型企业）国际认证证书，成为哥伦比亚首家荣获此证书的能源类企业。

圣湖能源公司不仅在文化深度融合中实践"一个团队、一个目标"，更积极履行社会责任。博雅卡港市下辖的滨松港镇，经济发展曾比较困难，当地人巴伯罗与邻居们一度陷入生活困境。圣湖能源公司主动将支持当地畜牧业发展纳入其社会责任框架内，通过与学术服务机构合作，向当地家庭推广现代畜牧业养殖技术，多年不懈付出换来当地居民的交口称赞。现在巴伯罗家的奶牛每天产奶平均增加 1 升，牛奶单升售价提高 200 比索，他笑着给自己起了个新外号叫“幸福的放牛娃”。

在哥伦比亚，中国石化以一颗“国际心”坚定执着地走出去、扎下根、融进去，凝聚起中外员工、社会各界的信任和支持，也让企业发展更长久、更给力。公司储量产量逐年攀升，投资效益明显增强，股东信任程度明显提高，安全环保绩效大幅提升，与资源国及当地社区的关系也显著改善。在圣湖能源公司成立十年庆典时，哥伦比亚前总统桑托斯曾专门致信，对中印双方股东及圣湖能源公司的杰出贡献表示感谢。

圆桌会议、和谐油区，扩大“朋友圈”

开展国际能源合作离不开“天时、地利、人和”。“人”主要指内部员工，“天”则包括客户、股东、社会公众及业务所在国民众等利益相关者。中国石化秉承“互利互惠、合作共赢”理念，积极履行社会责任，为促进资源国教育和经济发展贡献力量，实现了融入当地、发展当地、贡献当地。

中国石化秉承“互利互惠、合作共赢”理念，积极履行社会责任，为促进资源国教育和经济发展贡献力量，实现了融入当地、发展当地、贡献当地。

国勘哥伦比亚圣湖能源公司以“国际心”走出去，让企业发展更长久、更给力。

厄瓜多尔安第斯公司是中国石化与中国石油两大国有石油公司在海外组建的第一个联合操作的合资公司，被誉为“两桶油”联手打拼海外石油市场的成功案例。安第斯公司油田现场处于亚马孙热带雨林深处，作业区散居着最原始的印第安人土著部落，是厄瓜多尔最贫穷的地区，医疗、教育等设施十分落后。由于部落林立、诉求不一，良好的社区关系成为石油公司持续运营的重要保障。安第斯公司“开门开放办企业”，创新采用“圆桌会议”，构建“三联机制”，即公司与政府联管会、公司与社区联谊会、公司与员工联席会，让政府、公司、社区员工各方坐下来，共同协商解决机关事务。

安第斯公司“开门开放办企业”，创新采用“圆桌会议”，构建“三联机制”，即公司与政府联管会、公司与社区联谊会、公司与员工联席会，让政府、公司、社区员工各方坐下来，共同协商解决机关事务。

安第斯公司经过与南北两大社区的沟通协调，成立了11个预防与解决社区问题的“圆桌会议”，包括促进就业、参与招投标、物资供应、提高教育、环境保护、促进旅游、改善安全、促进青年成长、促进妇女平等及改善社区基础设施等，进一步了解社区诉求，就社区普遍关心的问题释难答疑。

为社区居民送上节日礼物。

在“圆桌会议”的交流中，安第斯公司首先利用各种场合向社区居民、当地媒体等宣传中华民族和谐共生、助危济困的优良传统，宣传中国石油石化企业互利共赢的发展理念，宣传中国员工善良通达的个人品格，让社区居民深刻了解中国油企扎根社区、服务社区、利益共享的理念和决心。

社区问题错综复杂，如何抓住“瓶颈”是关键。通过充分调研，安第斯公司把提升社区医疗教育水平和可持续发展水平作为援助重点，开展了一系列“送郎中”“送园丁”活动。他们不仅在南北两个油区建设社区医院，提供免费诊疗服务和专用救护车，还以公司名义派遣医生到边远地区定期巡诊，进行儿童疫苗接种、传染病防治、牙齿健康护理等项目。截至2020年年底，安第斯公司累计为社区提供门诊服务、医疗救治、医疗转运、医疗评估、疫苗注射等超过9万人次，收到社区感谢信553份。公司还专注社区教育投入，捐献校车，提供奖学金，改善教学设施。在新项目社区补偿中，引导资金向具有长期收益的农业项目、基础设施项目、群体基本需求改善项目投入。

油区是社区居民赖以生存的家园。安第斯公司在生产经营过程中严格做好生态环境保护，避免对当地环境造成破坏。他们坚持做好土壤、水质、气体排放和空气质量监测，定期开展环境检查、环境审计。对南部油区老井场进行环境升级建设，先后建成南北油区“综合环境管理中心”，实现所有固体废弃物回收、分拣、再利用，以及液体废弃物回收再利用和回注，为保护社区生态环境做出了努力。

在与当地政府的联管会中，安第斯公司坚持“授人以鱼不如授人以渔”，协助政府建设“就业数据库”，建立社区居民就业档案，加强对社区居民的技能培训，并结合油田生产经营实际需要，将公司及相关承包商的人员招聘纳入劳务统筹管理，优先满足社区居民的就业需求。近年来，公司油区当地社区用工比例稳定上升，高峰时期南北油区（含承包商）当地用工人数达到1010人。安第斯公司还为当地员工建立联谊会机制，设立新知识论坛和讲习会，为员工提供心理学、社会学等咨询，并在劳工问题方面“有所为有所不为”，始终坚持依法合规，以法律为准绳解决问题。

截至2020年年底，安第斯公司累计为社区提供门诊服务、医疗救治、医疗转运、医疗评估、疫苗注射等超过9万人次，收到社区感谢信553份。

与当地土著部落友好相处。

联管会、联席会、联谊会三种机制的创立，使安第斯公司能更好地协商解决“社区、劳工、工会”问题，树立了负责任的石油公司形象。安第斯公司与南、北两大社区分别签署《安第斯石油公司与社区支持和发展协议》，使双方关系上升为睦邻友好的“好邻居”。签署协议时，中国驻厄瓜多尔大使，厄矿产石油部长、内政部长、总统办公室主任，当地省长、市长等政要应邀出席了仪式，公司管理层与北部油区的 70 个社区约 500 名居民代表会面，受到与会政要和居民一致好评，称赞中国公司是厄瓜多尔石油工业史上“第一个亲临社区传播真诚友谊的企业”。

2020 年，厄瓜多尔暴发新冠肺炎疫情，安第斯公司坚持“和谐社区”理念，与油区地方政府、社区等相互守望、共同战“疫”。及时援助油区所在地 C 市政府 1600 个医用口罩和消毒物资，总价值约 2 万美元。随着疫情形势的恶化，当地防护用品和生活物资严重短缺，安第斯公司多方筹集，援助 C 市政府近千份粮油食品包等基本生活物资，提供 3 辆皮卡车用于地方疫情应急应对，再捐赠 5000 个医用口罩，总价值约 3 万美元，继续开放油田社区医院，为当地居民提供医疗诊治服务累计 8475 次。C 市市长亲自书写感谢信，对安第斯公司给予的各种援助和支持表示衷心的感谢。

安第斯公司建设“和谐油区”的做法赢得国际组织、当地政府和社区民众的广泛赞誉，被厄瓜多尔石油部授予“HSE& 社区事务工作最佳外国公司”，并荣获“世界石油 HSE 与可持续发展最佳公司”、社区事务“楷模金奖”等荣誉称号。

“走出去”除了技术实力，更重要的是与利益相关方“民相亲”、与所在国“利相融”、中外员工“心相通”。中国石化将继续践行具有国际化特色的“群众路线”，履行“为美好生活加油”的使命担当，在打造世界领先洁净能源化工公司中创造更大价值，推动国际能源合作向着更宽领域、更深层次、更高水平发展。

安第斯公司建设“和谐油区”的做法赢得国际组织、当地政府和社区民众的广泛赞誉，被厄瓜多尔石油部授予“HSE& 社区事务工作最佳外国公司”，并荣获“世界石油 HSE 与可持续发展最佳公司”、社区事务“楷模金奖”等荣誉称号。

国勘厄瓜多尔安第斯公司专注社区教育投入，与当地居民一起共建美好社区。

海信集团有限公司

中国家电企业在日本：向下扎根，向上生长

海信集团进入日本市场后，为推动本土化，着手对日本品牌东芝映像解决方案公司（TVS）进行收购。2018 年以来，尽管有了历时近 9 个月的收购交易，但是海信 TVS 在日本市场需要经历的坎坷却远远没有落下帷幕。收购 TVS 让海信获得了日本家电市场的“入场券”，但如何开拓市场，解决本土化问题，却是海信在日本舞台上遇到的最大难题。海信日本团队通过吸取海外市场销售、售后经验，结合国内服务体系，在日本建立了一套全新的营销服务系统，让海信获得了“无可挑剔购买”的极高服务评价。

海信日本团队通过吸取海外市场销售、售后经验，结合国内服务体系，在日本建立了一套全新的营销服务系统，让海信获得了“无可挑剔购买”的极高服务评价。

营销团队从零开始

中牟田寿嗣是 TVS 副社长，兼任营业本部和市场本部部长，2019 年 5 月加入 TVS。加入 TVS 之初，中牟田面对的是来自十几家不同公司的人员组建的新团队，面临团队文化融合的挑战：由于之前 TVS 营销人员变更较大，加之 TVS 加入海信大家庭初期在文化、管理上依旧处于关键的磨合期，团队成员之间如何协同合作、中日同事之间如何融合发展，成为摆在他面前的首要课题。

在 2019 年 3 月开始正式做商流切换时，整个 TVS 的销售团队都是新成员，有些人甚至没有家电行业相关工作经验，大家在工作思路、工作理念上也有很大不同。中牟田说，在日本，员工只要进入某家公司，一般就会长期在这里工作，受公司文化的影响也比较深。在这个新团队里，很多人受前公司文化的影响较大，甚至会把前公司的价值观当成自己的价值观。不同的思维方式、文化环境及价值观带来的差异，给团队管理

及工作开展带来了不小难度。但中牟田始终坚持一个原则："虽然业务推进十分重要，但加强团队融合应该是放在首位的"，"力出一孔"是推进业务的前提。

在中牟田副社长看来，大家集结在 TVS 组成一个团队，不同的管理方式、思维方式碰撞到一起，并不能说谁的好、谁的不好，而是要相互理解、一起共事，融合发展才是最重要的。为了更好地融合，中牟田每周五都会抽出半天时间与副部长及核心骨干一对一沟通，了解工作及员工思想状况，及时化解问题。而事实上，每一项成果的取得，都是双方融合发展的最好见证。

"虽然业务推进十分重要，但加强团队融合应该是放在首位的"，"力出一孔"是推进业务的前提。

团队融合必"躬身入局"

文家邦是 TVS 市场本部的副本部长，2019 年 3 月从中国外派到 TVS。他是目前 TVS 营销团队里唯一一名负责销售管理的中籍人员，承担着很多沟通协调的工作，但他不会日语，沟通难上加难。说起外派最初的那段经历，他打了个比方："感觉就像一艘摇晃不稳的船行驶在波涛

2020 年 4 月，海信日本公司正式发布 U7F 和 U8F 两款电视。

汹涌的大海上。”

文家邦刚来 TVS 时，销售团队刚刚成立，各方面问题较多。他往往会站在宏观角度发现营销存在的问题，然后组织大家分析沟通，找出措施。但事实证明，这种方式的沟通效果甚微。他提出问题后，同事会表示“好的，我知道了”，但并不会真正接受，一些变革措施难以推进。经过反思，文家邦决定重新调整自己的定位，躬身入局尝试用日本人的思维来思考解决问题。

文家邦说，海信在终端建设上有丰富经验，他原本想把海信在终端的管理方法复制过去，但并没有被很好地接受。后来，总经理田野和文家邦利用周末时间到卖场转一转，拍下大量 TVS 和当地其他品牌的终端形象照片，从展示数量、展示位置、演示片源、终端宣传物资及导购员等方面对标找差距，用实际对比的方式和员工沟通，大家才逐渐理解和接受。

同样的情况还发生在电商业务的推行上。在日本，电商发展不如中国迅猛，一是因为日本人更喜欢在店里消费的体验感，二是由于物流成本、线上支付等环节并不如国内发达。但从长远来看，这对海信是个机会。一开始，文家邦将中国电商及电视电商的迅速发展情况分享给当地员工，却发现大家并不接受这种“比较式分析”。吸取了教训，文家邦就和同事们调整工作方法，不是一直强调电商应该怎样做，而是一次只解决一个问题，带着大家做。

对于和外籍同事之间的融合，第一是真诚，第二是信任，第三是保持沟通。

对于和外籍同事之间的融合，文家邦有三点感悟：第一是真诚，第二是信任，第三是保持沟通。靠真诚来打动对方，通过频繁的沟通促进相互理解，这样反映到工作结果上就能更好。如今，中日员工的沟通更加顺畅，不仅员工之间逐步建立起信任关系，中牟田和文家邦两位部门管理者也经常坐在一起，开诚布公地探讨双方管理模式的差异，共同探讨解决措施，把“融合发展”落实到工作和生活的方方面面。

文化沟通磨合成海信技术研发的基石

文化的交融不会一蹴而就，但从未停下脚步，是一个持续的过程。

在日本，TVS 研发人员需要经常和国内研发同事打交道，频繁互动，文化习惯的不同有时还会导致一些“小插曲”。TVS 研发中心副部长王新鲁说，有一次，一位 TVS 研发同事给青岛研发中心同事发了一封邮件，但当时青岛这位同事因为工作忙没来得及回复。日本同事误以为工作上出了什么问题，专门找到王新鲁协助沟通解决。“不同国家的员工一起工作，保持沟通交流的畅通、尊重文化多样性是很重要的。文化差异有时会给工作交流带来一些问题，但这并不是一种障碍。”王新鲁说，随着中日员工交流越来越多，大家都会逐渐了解对方的文化背景和习惯，并以一种平等、理解的心态一起工作，能更好地互相融入，进而更好地推动工作。

随着中日员工交流越来越多，大家都会逐渐了解对方的文化背景和习惯，并以一种平等、理解的心态一起工作，能更好地互相融入，进而更好地推动工作。

目前，TVS 研发中心副部长岩野在视像科技总部兼任专家委员会委员。岩野非常注重和总部的沟通交流，也非常希望能加强与总部的联系。为加强预研项目交流，今年他特意和总部约定每月举行一次技术沙龙，向总部介绍 TVS 预研项目内容，与总部共享信息，并在技术上互相交流和启发。事实上，在新冠肺炎疫情暴发之前，岩野每 2 ~ 3 个月就会来一次青岛，与国内硬件开发人员当面交流。遇到意见不一致时，双方依

中日团队共同讨论。

靠坦诚的沟通来表明各自的想法和标准。“这就是一个沟通的过程，通过这样持续不断的沟通，我们最终会磨合出一个双方都认可的结果。”

如今，双方的沟通越来越密切，合作也更加融洽。2019 年以来，TVS 与国内研发人员共同进行 T31+ 新平台开发及 T30 安卓平台研发，这是 TVS 和国内研发人员共同协作进行的全新平台开发项目，对提升海信和东芝两个品牌在当地的竞争力至关重要。王新鲁介绍，收购 TVS 时，其原有的芯片系统已比较老旧，不仅成本非常高，部分软件功能也无法满足市场需求。TVS 研发人员与国内研发人员展开密切合作、充分论证，最终共同顺利完成 T31+ 新平台的研发。这个新平台可以在海信品牌电视上共享，真正给日本市场带来一款低成本、高质量的好产品。目前，另外一款更复杂的中高端平台正处于开发阶段，将在硬件融合的基础上进一步做软件方面的融合和共享。双方研发人员将通过紧密合作、充分沟通，真正做到技术共享、资源共享的同时，创造更大的市场效应和品牌效应。

双方研发人员将通过紧密合作、充分沟通，真正做到技术共享、资源共享的同时，创造更大的市场效应和品牌效应。

共建维修线体，迈出中日员工融合一大步

加入海信之前，TVS 青森事业所是个生产小型电视机的地方，海信接手后，为了降低成本、提高效率，把小尺寸电视生产全部安排在中国，在青森事业所建立新的维修线体。当时，东芝映像副社长近江邦夫还在青森工厂担任所长，由于当地同事缺乏建立维修线体的经验，在维修线体立项的过程中屡屡受挫，一直没有满意的立项方案。为解燃眉之急，海信集团派了当时在国内有维修车间建设经验的王雨楠和韩国大来到 TVS，负责服务体系和维修线体的搭建。到达现场后，他们很快协助近江邦夫提出了立项书并立项。近江邦夫看到立项书后十分欣喜，当即表示：“这就是我想要的东西！”

青森员工没有做出来的，两位派驻同事做出来了！于是，近江邦夫立即部署按照两位派驻同事提供的立项书开始推进，但结果还是不尽如人意。“究其原因，是当地员工存在抵触心理，认为外派同事并不了解日本的实际情况就大刀阔斧进行改革，内心并不能完全接受。”回忆起当时的场景，外派人员王雨楠说，“其实我们在国内已经对方案进行过充分的论证，原本以为来到日本之后按照计划推行就可以了，但事实证明行不

海信发布支持 4KBS 电视直播的新品 A6800。

通。”日本同事做事，第一必须要给他讲清楚做这件事情的目的；第二，要解释你做此事的背景是什么，原因是什么；第三，要讲清楚打算要怎么做；第四，要说明最终想要达到一个什么样的结果；第五，要论证现在的条件允不允许这样做。他们要想得非常清楚才会去做。

于是，在工作推进过程中，外派人员不仅与当地员工充分沟通，还分享总部做法，甚至请日籍同事到青岛总部工厂参观。近江邦夫认为，工作是否能顺利推行只有一个重要原则，就是双方是否互相尊重。近江邦夫直接跟这两位同事讲："就按你们的方式推进。"同时，也要求青森的员工按照两位同事的指示来做。随着后续的沟通接触，双方在实际工作中渐渐建立信任，后期工作也变得更加顺利。

中国企业要想撬动日本市场的“铁板”，需要在现有国内经验的基础上充分考虑本土因素，才能做到更好。

产品与品牌：重塑中国企业科技形象的“钥匙”

中国企业要想撬动日本市场的“铁板”，需要在现有国内经验的基础上充分考虑本土因素，才能做到更好。在日本市场，海信有针对性地推出了日本消费者所需要的电视产品。比如海信赶在日本启动 4K 频道和 8K 频道信号的电视广播前，发布了支持 4KBS 电视直播的新品 A6800，满足了日本消费者对超高清内容的需求。

选用日本本土演员绫野刚先生为代言人。

海信还积极探索新的传播思路与传播形式，选用日本本土演员绫野刚先生为代言人，深度撬动日本市场。

海信的跨文化融合不仅仅体现在技术与产品方面，在日本市场，海信还积极探索新的传播思路与传播形式，选用日本本土演员绫野刚先生为代言人，深度撬动日本市场。2020 年，海信日本公司举办了 2020 年 4K 电视新品 U8F/U7F 暨销售方针发布会。同时借海信日本公司成立 10 周年之际，签约日本著名影星绫野刚为品牌大使，绫野刚所拍摄的电视广告片也在当日正式发布。本次海信日本与绫野刚先生合作的 TVC（电视广告影片）中提出了“Switch Your Sense”（切换你的感觉）的 SLOGAN（口号），旨在为日本消费者创造新的价值，改变对“好东西”的定义，并引发价值标准的革命。

海信日本公司在日本电视台和富士电视台投放了 SPOT（插播）广告，覆盖全国 6 大地区，并赞助了两大人气节目，总视听率 GRP（收视率 × 频次）达 800，广告预计观看人次 400 万。代言人绫野刚出演的新剧 MIU404（机动搜查队 404）开播后，日本公司也在 TBS 频道电视剧播放的黄金时段及新剧回放专用 APP——TVer 上播放 TVC，广告预计观看人次可达 300 万。从明星代言到电视广告，海信日本公司向行业、渠道商及消费者释放出积极的信号，展示了海信的品牌实力。

在日本市场，海信不仅成为拉动世界经济发展、家喻户晓的中国品牌，也成为一个能够与当地市场深度交往融合、充满温暖与信赖的品牌。海信日本已成为中国企业走向世界的一个纽带与缩影，进入市场、了解情况、融合文化必将成为更多中国企业在海外“开疆扩土”的必然路径。

中国华电香港有限公司

点亮人类美好未来

提到柬埔寨，你能想到什么？是神秘美丽的吴哥窟，金碧辉煌的大皇宫，还是街头巷尾穿梭的突突车？

作为“一带一路”蓝图的交汇点，柬埔寨是众多“一带一路”建设者梦想开始的地方。而“一带一路”建设者的到来，则是柬埔寨人民梦想照进现实的起点。

柬埔寨戈公省额勒赛水电站上大坝。

作为“一带一路”建设的重要参与者，中国华电香港有限公司（下称华电香港）积极融入柬埔寨国家发展战略，不仅发挥能源电力主业优势，参与当地电力基础设施投资建设，还积极推进品牌国际化建设，本着“建设一座海外电厂，打造一张华电名片”的目标，在展示自身业务实力、科技能力和对东道国经济贡献的同时，也在力求建立更为融洽互信的社会关系。

2020 年，为更好地体现集团公司能源企业的属性，彰显华电香港不仅点亮人们的生活，也点亮人类美好未来的宏大愿景，以柬埔寨为首发站、立足东南亚、辐射全球的跨文化融合项目——“点亮未来”正式诞生！

这个由中国华电集团公司发起，中国华电香港有限公司、中国华电额勒赛下游水电项目（柬埔寨）有限公司主办的跨文化融合项目，希望通过建设“点亮未来”线上流动图书馆、开展儿童绘画比赛等方式融入相关国家，贴近当地人民，塑造中国国家形象及中国企业形象，传递创新、协调、绿色、开放、共享的价值观，促进人与自然和谐共生。

项目希望通过建设“点亮未来”线上流动图书馆、开展儿童绘画比赛等方式融入相关国家，贴近当地人民，塑造中国国家形象及中国企业形象，传递创新、协调、绿色、开放、共享的价值观，促进人与自然和谐共生。

让我们翻开时光影集，看一看走过近一年历程的“点亮未来”，为世界带来了哪些惊喜。

听！华电人在讲故事

“爸爸妈妈突然取消了节日聚餐，还不让我出门，这是为什么？因为出现了新型冠状病毒……”这轻柔美好的读书声不是线下的读书会，而是“点亮未来”线上流动图书馆“华电和你读绘本”中的内容。

4 月 22 日，由华电香港运营的“点亮未来”线上流动图书馆正式开馆。作为“点亮未来”全球跨文化融合项目的重要组成部分，该线上流动图书馆旨在为柬埔寨儿童提供丰富的科学、美学、文学等方面的教育资源，帮助柬埔寨儿童“停课不停学”，在家也能接受“触手可及”的教育。

自 2020 年初以来，华电香港已经制作并发表了“抗疫绘本系列”“神奇的电系列”等适合小朋友阅读的绘本，配上精美插图的中英柬三语故事，让小朋友在通俗易懂的文字中了解到防疫、电力的科普知识。

疫情期间，线上流动图书馆作为华电香港“点亮未来”全球企业社会责任项目的数字化延伸，将防疫绘本、防疫视频、课外阅读图书、

STEAM 科学实验等丰富多彩的内容呈现于互联网上，向 5 ~ 16 岁柬埔寨儿童宣传防疫科学知识，为当地儿童提供线上学习的平台。

新颖的互动形式与丰富的创意使“点亮未来”线上流动图书馆项目得到了外媒竞相报道。自上线以来，各家国际媒体在全球范围内 16 个国家和地区已经发布了超过 75 篇关于“点亮未来”线上流动图书馆项目的新闻报道，潜在触达人数超过 7000 万。

各家国际媒体在全球范围内 16 个国家和地区已经发布了超过 75 篇关于“点亮未来”线上流动图书馆项目的新闻报道，潜在触达人数超过 7000 万。

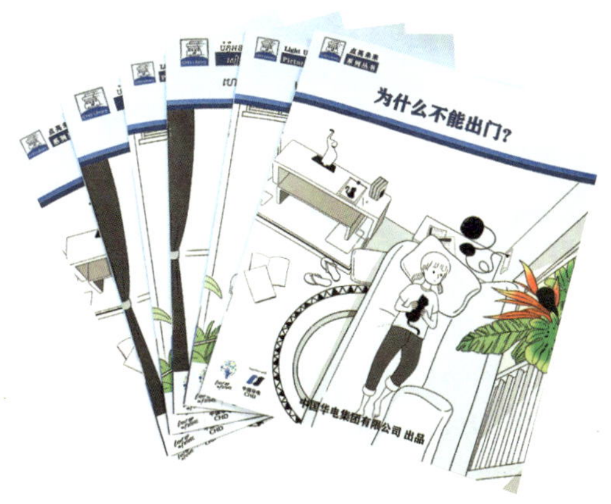

中国华电“点亮未来”系列丛书——抗疫绘本系列。

中国华电“点亮未来”系列丛书——神奇的电系列。

"未来能源"儿童绘画比赛海报（中、英、柬三语）。

自6月1日比赛正式开启，各家媒体在全球范围内14个国家和地区已经发布了超过40篇关于"未来能源"儿童绘画比赛的新闻报道，潜在触达人数超过1800万！

走！参加华电的绘画比赛

"我叫吴晗玥，今年八岁……"这个奶声奶气介绍自己作品的小朋友，是"Future Energy（未来能源）"儿童绘画比赛的参赛选手。她通过自己的画笔，描绘了自己心目中的"绿色水电"，也让"能源创造未来"的理念更加深入小朋友的心灵。

用一支画笔描绘绿色未来。6月1日启动的"未来能源"儿童绘画比赛在疫情肆虐期间如火如荼地开展，在疫情之下带领小朋友们发掘对美的感悟，从而获得更多正能量。

经过有效的宣传推广，"未来能源"儿童绘画比赛已经在柬埔寨、亚洲地区甚至世界范围内获得了一定的知名度，绘画比赛的系列海报在世界范围内引发了小朋友的强烈共鸣！

"未来能源"儿童绘画比赛自启动以来得到了外媒的广泛关注。自6月1日比赛正式开启，各家媒体在全球范围内14个国家和地区已经发布了超过40篇关于"未来能源"儿童绘画比赛的新闻报道，潜在触达人数超过1800万！

来！给华电人点个赞

4月，"点亮未来"Facebook主页发布了一条视频，轻快的音乐，简洁有趣的动画，使这条视频在短短两天内点击量突破了5万。这是一条什么样的视频，让大家如此关注？

这个名为《绿色额勒赛》的短片，反映了华电香港下属的华电额勒赛下游水电项目（柬埔寨）公司持续关注坝区生态环境，在缓解柬埔寨用电紧张局面的同时积极维护当地植被，保卫额勒赛绿色的理念。

不只是《绿色额勒赛》，《美丽水电》《五彩之春》等短片在 Facebook 平台陆续发布并引爆网络，让华电人在世界各个角落提供电力，守护当地人民幸福，用实际行动践行“心手相连，守望相助”丝路精神的种种努力更真实地展现在世界眼前。与此同时，精彩的内容使中国华电的 Facebook 主页进入到国际网民的视野，让大家看到了这个“有点不一样”的中国企业传播。

自 2020 年初，华电香港紧跟国际社交媒体趋势，开通了“点亮未来”跨文化融合 Facebook 项目账号，与中国华电集团有限公司官方主页各有侧重，相辅相成，形成华电集团海外社交媒体“双引擎”，强势驱动华电集团海外社交媒体矩阵化传播。

在两个账号中，华电人的专注、友爱与奉献通过一个个创意海报、可爱手绘、暖心视频向世界进行传播。自年初至 2020 年 6 月 30 日，中国华电集团 Facebook 主页和“点亮未来”跨文化融合项目 Facebook 主页“双主页”粉丝量已经超过 13.3 万，曝光量（阅读量）突破 1446 万次，互动量超 127.3 万次，累计发帖 122 条。

两个 Facebook 主页联合发力，在保持信息强发布的频率下，形成了精品帖文系列。一条条各种语言的帖文通过屏幕，向全世界传递着充满正能量的点滴信息。

自年初至 2020 年 6 月 30 日，中国华电集团 Facebook 主页和“点亮未来”跨文化融合项目 Facebook 主页“双主页”粉丝量已经超过 13.3 万，曝光量（阅读量）突破 1446 万次，互动量超 127.3 万次，累计发帖 122 条。

海外之最，展现实力

Facebook 主页别出心裁地梳理了中国华电海外之最项目，以统一的原创视觉设计形成贯穿全年的完整系列，搭建起“一带一路”沿线国家和地区互联互通的广阔平台。

抗疫保电，展现关怀

在新冠肺炎疫情期间，结合华电香港跨文化融合传播的整体规划与

Facebook 海外之最系列帖文。

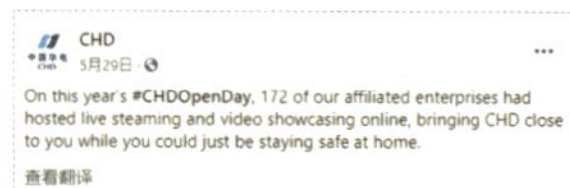

中国华电 Facebook 抗疫系列。

被“国资小新”Facebook 主页转载的抗疫系列帖文。

疫情的特殊形势，两个 Facebook 账号陆续发布一系列“防疫抗疫”主题的专项传播帖文，展现华电香港向疫区捐钱捐物的善举、在海外项目上采取严防严控措施的力度、宣传防疫科普知识、保障能源助力企业复工复产、积极参与国际抗疫的措施成效。

该系列帖文还与“国资小新”等政府 Facebook 加强互动，充分体现在疫情肆虐的特殊时期中国华电作为国际企业的责任与担当。

Facebook 主页在展现企业形象的同时也注重普及电力知识，将深奥的电力学、电磁物理学及电力科学家的研究以轻松愉快的方式呈现在海外受众面前。

电力科普，展现趣味

Facebook 主页在展现企业形象的同时也注重普及电力知识，将深奥的电力学、电磁物理学及电力科学家的研究以轻松愉快的方式呈现在海外受众面前。小实验、动画等寓教于乐的表现形式，加上中英柬三种语言的表述，体现了华电香港作为全球企业的柔情一面。趣味性的内容增长了受众的知识，也是华电主营业务的软性延伸。

“点亮未来”项目作为华电香港在“一带一路”建设过程中对当地多元文化思考与提炼的产物，在不断的实践中使跨文化融合活动成为企业本地化发展的润滑剂，为业务发展提供了有力支撑。这不但有助于加深海外公众对中国文化、中国故事的认知和理解，还在“利相融”的同时，实现了“民相亲”和“心相通”。

中国第一汽车集团有限公司

向全球展现“中国孩子的书香世界”

作为新中国第一辆汽车的诞生地，中国第一汽车集团有限公司（下称一汽）可谓是中国汽车工业的摇篮。作为“共和国汽车工业长子”，站在新的历史高度，一汽认识到中国制造的品牌必须进行全方位升级，打造高端形象，成为中国精神、中国文化的实物载体，让中国价值观更多地被世界知晓。一汽不但肩负振兴民族汽车工业的使命，更有责任塑造海外用户对中国民族品牌的崭新认知。

从匠心工艺到植根文化，是一汽展露出的文化品牌趋势。一汽植根于中国本土文化，将匠心工艺融入产品之中，赋予产品耐人寻味的文化内涵，希望借此向消费者传递出中国民族品牌背后的传统文化，既展示文化自信，又让品牌更深入人心。

绘本展从全国500家出版机构征集的近千种绘本中遴选出197种原创作品进行展示，涵盖汉字、中国传统文化、经典故事、民俗生活、创意游戏、教育科普等几大主题。

与孔子学院寻求合作契机

4年前，由孔子学院总部组织策划的“中国孩子的书香世界”儿童绘本专题展在德国法兰克福国际书展正式亮相。

“中国孩子的书香世界”是由孔子学院总部组织策划、在全球范围内举办的原创绘本展。绘本展从全国500家出版机构征集的近千种绘本中遴选出197种原创作品进行展示，种类丰富，题材多样，涵盖汉字、中国传统文化、经典故事、民俗生活、创意游戏、教育科普等几大主题，向各国民众展现了中国孩子的阅读和心灵世界。外物之味，久则可厌；读书之味，愈久愈深。享用一顿美食或许能带来一时的惊喜，读一本好书却能带来长久的满足。尤其是孩提时期的阅读，更能带给人受益一生的力量。这些绘本通过中国作家、插画师的文字和绘画，将独特的中国

叶卡捷琳堡中央广播电视总台广播孔子课堂绘本阅读活动。

新西伯利亚国立大学国画互动活动。

艺术之美呈现在国际舞台上，为中国图书走向世界做了一次有益的尝试。

一汽与孔子学院总部因推进文化”走出去“的共同目标，找到了双方合作的契机。双方达成共识，决定以充分展现中国文化的优秀绘本为窗口，加深与当地用户的情感沟通，让民族品牌与文化挂钩，赋予文化新生力量，增添品牌文化“走出去”的新元素。

“中国孩子的书香世界”目前已先后在德国、意大利、斯洛伐克、西班牙、葡萄牙、奥地利、美国、墨西哥、巴西、泰国、俄罗斯、白俄罗斯和法国等13个国家51所孔子学院所在城市展出。

携手举办“中国孩子的书香世界”系列活动

“中国孩子的书香世界”目前已先后在德国、意大利、斯洛伐克、西班牙、葡萄牙、奥地利、美国、墨西哥、巴西、泰国、俄罗斯、白俄罗斯和法国等 13 个国家 51 所孔子学院所在城市展出，反响及影响力良好。活动将中国绘本之美呈现在国际舞台上，成为弘扬中国文化、加强中外文化交流的载体，大大增进了中国与当地的文化交流与情感沟通。

2019 年 5 月，“2019 年‘中国孩子的书香世界’绘本展——俄罗斯、白俄罗斯巡展”开展。该展选取了代表中国最高水平的原创绘本，历时一年在 13 个城市举行。其中一汽赞助了俄罗斯境内的莫斯科、新西伯利亚、叶卡捷琳堡和喀山 4 座城市 5 所孔子学院组织的巡展活动。

整个巡展活动将中国文化与一汽汽车文化内涵一并融入活动及素材

新西伯利亚国立技术大学——你眼中的一汽汽车。

一汽捐赠俄罗斯国立人文大学的绘本。

之中，向参与者展示了新时代中国及中国汽车企业全新的精神风貌、发展成果和文化魅力，从而让俄罗斯市民更深入地了解中国文化，了解中国汽车制造业，了解一汽精神。

中国原创儿童绘本走进俄罗斯

“小蝌蚪游过去，叫着：‘妈妈，妈妈！’青蛙妈妈低头一看，笑着说：‘好孩子，你们已经长成青蛙了，快跳上来吧！’”这是在新西伯利亚国立大学孔子学院举办的“中国孩子的书香世界”中国原创绘本展上，孔子学院的中国志愿者和俄罗斯志愿者用中俄双语为参加绘本展的小朋友讲述《小蝌蚪找妈妈》的场面。

小听众们积极地与志愿者互动，抢着回答小蝌蚪是如何找到妈妈的，还有几位稚气未脱的小朋友围着老师说：“我们要学中文！”听完故事后，小听众每人得到了一张精美的卡纸，开始“创作”小蝌蚪找妈妈的过程，嘴里还念叨着：“这个故事真有趣！”

新西伯利亚国立技术大学孔子学院的小学员索尼娅很喜欢绘本中的图画，她非常兴奋地对孔院老师说：“这次活动太有趣了！这是我第一次参加绘本展，第一次看见这么多中文绘本和故事，真的是太棒了！”小男孩维佳边折纸边好奇地问老师："FAW 的汽车和我们的汽车有什么不同？未来我想做汽车工程师，我想去中国的一汽看看！"

叶卡捷琳堡中央广播电视总台广播了孔子课堂举办的"中国孩子的书香世界"绘本展，孔子学院的老师用汉语和俄语给一群俄罗斯大学生讲述中国汽车工业的发展史。学生们听得聚精会神，对汉语和汉字产生了浓厚的兴趣，对中国的汽车制造工业也有了初步的了解。

一位俄罗斯家长表示，非常感谢一汽与孔子学院提供这样的机会，这些中国绘本十分吸引人，它们能激励孩子对阅读及汉语学习的兴趣，使孩子们能够接触到汉语课本以外的中国图书。有些俄罗斯家长在参加活动后表示想要和孩子一起学习汉语，体验中国汽车产业，了解中国文化。

共同助力国际中文教育与中国文化传播事业

2019 年 12 月 14 日，"中国孩子的书香世界"全球巡展——喀山站暨"中文与中国文化周"系列活动在俄罗斯喀山市第 183 中学隆重举办。中国驻喀山总领事馆副总领事程伟和领事黄恺、一汽东欧公司总经理佘铭，喀山联邦大学孔子学院俄方院长阿丽菲亚・阿列克别洛娃女士、中方院长易艳萍女士，喀山市第 183 中学校长斯维特兰娜・阿斯哈托维察女士，会同 183 中学 200 余位师生们共同出席了活动。

连续 11 天的绘本阅读让俄罗斯的学生不仅在欢乐的气氛中学习了中文，还了解了中国孩子的童年与中国文化。

在喀山联邦大学孔子学院举办的"中国孩子的书香世界"绘本展上，连续 11 天的绘本阅读让俄罗斯的学生不仅在欢乐的气氛中学习了中文，还了解了中国孩子的童年与中国文化。尽管他们中文水平不一，但并不

喀山联邦大学孔子学院的孩子们体验中国传统游戏项目——踢毽子。

喀山联邦大学孔子学院・一汽汽车找不同游戏。

孩子们体验中国传统游戏项目——滚铁环。

孩子们分组游戏——中国地图拼图。

妨碍他们通过绘本上生动丰富的插图了解缤纷多彩的童话世界。活动现场，还有颠乒乓球、拼图、丢沙包、抖空竹、抽陀螺、踢毽子、滚铁环和找不同等多项中国传统游戏项目,既具有趣味性又有知识性,寓教于乐。参与者兴致勃勃，玩得不亦乐乎，令人印象深刻。

活动最后，一汽东欧公司总经理余铭代表一汽向喀山第 183 中学赠予了多套优秀中文儿童绘本，用于孔子学院推广汉语和传播中国文化。他表示，非常高兴以“中国孩子的书香世界”绘本展为契机，为两国文化交流贡献力量。一汽愿为中俄教育、文化交流发展继续履行企业社会责任，与俄罗斯友人共同进步成长。

读万卷书，行万里路，一汽牵手孔子学院，共同助力国际中文教育与中国文化传播事业。

中国驻喀山总领事馆副总领事程伟与一汽东欧公司总经理余铭共同参与活动。

中色非洲矿业有限责任公司

“优秀员工家庭开放日”让员工与公司“同发展同成长”

通过开展“优秀员工家庭开放日”系列活动，逐步使“天道酬勤”“追求卓越”“劳动创造幸福”等观念获得当地员工的“本土化”认同。

中色非洲矿业有限责任公司（下称中色非矿公司）1998年成立于赞比亚基特韦，是中国在非洲的第一家矿业公司。

在赞比亚，城市民众信奉基督教的占72%，高度注重家庭、注重礼仪荣誉。在中色非矿公司的5000多名员工中，高中及以上文化程度的不到30%；赞比亚劳动法中规定，企业男性雇员年度带薪假期最大值超过200天；当地工会组织影响力大，不赞同加班，不赞同计件工资和绩效考核。上述这些因素均使中色非矿公司在加强企业文化建设和品牌建设方面面临重重困难。

为此，中色非矿公司把握中赞文化的结合点，不断推进中赞文化融合，通过开展“优秀员工家庭开放日”系列活动，逐步使“天道酬勤”“追求卓越”“劳动创造幸福”等观念获得当地员工的“本土化”认同。

培树“劳动光荣”的价值观

2019年6月22日，35岁的东南矿体自动化设备操作工Nune Ndonji感到意外和惊喜。这一天，他特地穿上西服，打好领带，把鞋擦得很亮。作为公司2019年度的“优秀员工”，Nune Ndonji和其他9名受表彰的同伴一起，带上自己的妻子、孩子，成为公司开放日活动的“主角”。他自豪地向家人、来宾、媒体代表展示自己的公司、自己的岗位和工作业绩：“我们的公司在建设第一个数字化标杆矿山，我的岗位就在实现自动化，我是岗位上最棒的！”

为培树“劳动光荣”的价值观，进一步激励员工立足岗位努力工作，展示打造“赞比亚数字化标杆矿山”对于提升劳动生产率、降低职工劳动强度、提升安全系数带来的巨大变化，中色非矿公司特地举办了2019年首次“优秀员工家庭开放日”活动。为此，公司专门制定“优秀员工家庭开放日”活动策划方案，明确了活动的主题、流程细节、活动参与嘉宾及媒体、活动效果预测与评估。人事部制定了“优秀员工评选制度”，参考员工日常的工作表现和具体工作业绩，兼顾技术、管理、操作等不同岗位，由赞方员工推荐，单位负责审核。公司将优秀员工的图片和个人事迹制作成300份五折全彩英文宣传页；制作了8块展板，展示公司在设备装备进步、工艺技术进步、劳保福利进步、作业条件进步、技能培训进步、文化共融进步等方面的工作亮点；特地定做了“优秀员工”奖牌。

“优秀员工家庭开放日”活动邀请10名优秀员工的家人及赞比亚国会议员 Kampamba Mulenga Chilumba、当地有关政府官员、社区代表、主流媒体（赞比亚国家广播公司、赞比亚时报、赞比亚每日邮报）代表近70人，实地参观了主西矿体和东南矿体生产控制中心、选矿车间、数字化培训中心等生产现场，亲身感受数字化、自动化、信息化给矿业生产

被表彰员工担任解说员，向当地议员、媒体、社区代表及家庭成员自豪地介绍自己的岗位。

公司专门制定“优秀员工家庭开放日”活动策划方案，明确了活动的主题、流程细节、活动参与嘉宾及媒体、活动效果预测与评估。

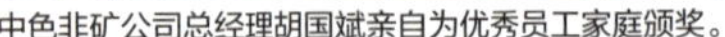

中色非矿公司总经理胡国斌亲自为优秀员工家庭颁奖。

赞比亚卡鲁鲁西议员 Kampamba Mulenga Chilumba 高度评价“开放日”活动。

带来的巨大变化。Nune Ndonji、Ngoma M. Frank 等 10 名被表彰优秀员工担任现场解说员，在家人和来宾、媒体代表面前自豪地介绍自己的岗位和业绩。在参观数字化培训中心时，两台价值数百万美元的全自动仿真无轨设备培训器正在运行，两名接受培训的员工全神贯注，在驾驶室仿真环境里“稳速前行、转弯”，既吸引了未成年的孩子，也吸引了所有来宾，彻底改变了人们对矿山生产的认知。

参观结束后举行了表彰仪式，公司为优秀员工颁发奖牌和奖金，还为孩子准备了书包等文具。赞比亚国会议员 Kampamba Mulenga Chilumba 同社区代表、中色非矿公司领导一起为优秀员工颁奖。参与颁奖的公司总经理胡国斌特意将奖牌和奖金颁给了男性优秀员工的妻子：“感谢您的家庭和您为公司做出的贡献，奖章有您的一半功劳！”媒体记者专门抓取了这个镜头。国会议员 Kampamba Mulenga Chilumba 感谢中色非矿公司举办了一个让人意外而又格外感动的“开放日活动”，主动向员工、向外界介绍企业。他认为，“开放日活动”让员工家属走近企业，走近员工的工作场所，了解丈夫和父亲的工作，这一重视员工和员工家庭的做法值得赞许。“感谢中色非矿公司一直以来与赞比亚政府部门保持良好的关系和互动，感谢中色非矿公司在履行社会责任方面所做出的努力，感谢你们在矿山自动化方面取得的卓越成就。”国会议员表示，“我将始终与中色非矿公司及员工站在一起，推进共同进步、共同发展。”《赞比亚时报》《赞比亚每日邮报》及赞比亚国家广播公司记者全程参与了开放日活动，并对活动进行了重点报道。

《赞比亚时报》《赞比亚每日邮报》及赞比亚国家广播公司记者全程参与了开放日活动，并对活动进行了重点报道。

展示“忠诚与责任”

“我的家庭与中色非矿公司紧紧联系在一起。”作为一名主西矿体电工，38岁的Chisanga Nathan在中色非矿公司工作了16年，爱学习、肯钻研，工作兢兢业业，业绩有口皆碑，家庭幸福美满。2019年11月30日这一天，他和其他9名同事（其中一名女性员工）作为在非矿工作15年以上员工的优秀代表，和自己的家人一起走到“聚光灯”前，受到公司的隆重表彰。作为活动的主角，他们还在各自的岗位担当“导游”，向来宾介绍本岗位的先进性，讲述自己的家庭与公司的“同发展同成长”，展示“忠诚与责任”。

中色非矿公司第二次“优秀员工家庭”开放日活动主题为“忠诚与责任”。公司在5350名当地员工中梳理出144名在公司工作年限超过15年以上的员工，通过基层推荐、个人自荐和单位审核，从中评选出10名优秀员工。公司又一次邀请赞比亚政府社区发展部部长、国会议员Kampamba Mulenga Chilumba，以及卡鲁鲁西地区政府官员、社区代表、主流媒体（赞比亚国家广播公司、《赞比亚时报》、《赞比亚每日邮报》）代表和10名优秀员工的家人，实地参观了中色非矿公司作业现场。

结合第一次“优秀员工家庭开放日”活动开展的情况评估，公司专门修订完善了本次“优秀员工家庭开放日”活动策划方案，明确了活动的主题、流程细节、活动参与嘉宾及媒体、活动效果预测与评估，并组织赞方高管和人事部共同拟订了专项评选制度。本次“优秀员工”的评选主要参考赞方员工日常的工作表现、态度，由基层单位推荐，人事部负责审核。除展示员工个人事迹和公司工作亮点外，公司还特地为优秀员工定做了“忠诚与责任”工作奖牌，为家庭准备了生活礼品，并邀请员工家庭和来宾在公司农场开展联欢活动。

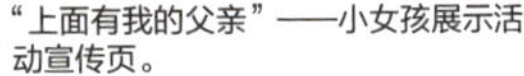
“上面有我的父亲”——小女孩展示活动宣传页。

参观现代化的中心主控室。

赞比亚政府社区发展部部长、国会议员 Kampamba Mulenga Chilumba 表示：“中色非矿公司的发展体现了中赞全天候友谊！”

在东南矿体公司培训学校前，Chisanga Nathan 向来宾介绍了公司装备的自动化、大型化、智能化采矿设备：“我们可以在地面遥控一千米深井下的设备作业！”作为世界一流矿山机械设备山特维克公司、Epiroc 公司的战略合作伙伴，中色非矿公司装备了全系列最先进的矿山设备，政府和媒体代表对设备的自动化、智能化感到惊奇和震撼。“这是矿业发展的方向，效率更高、更安全！”在东南选矿车间，Mututubanya Demond 一一向来宾介绍了选矿专家系统、球磨自动控制系统等，他说：“我们在改变赞比亚矿业生产模式！”

在受表彰优秀员工的陪同讲解下，来宾先后参观了主西矿体和东南矿体生产控制中心、选矿车间、数字化培训中心等生产现场，体验了自动化、信息化、数字化矿山高效的劳动生产率，参观者纷纷发表感言。中色非矿公司党委书记陈志敏在致辞时说：“被评选的优秀员工与公司风雨同舟、共同进步，在他们的身上，集中体现了我们公司核心价值观中最可贵的员工品质——忠诚与责任。”在中色非矿公司企业社会责任展板前，赞比亚政府社区发展部部长、国会议员 Kampamba Mulenga Chilumba 回顾了中色非矿公司成立 22 年来对赞比亚经济社会文化发展所做出的贡献，并表示将一如既往地支持公司，为公司后续发展共同努力：“中色非矿公司的发展体现了中赞全天候友谊！”

《赞比亚时报》《赞比亚每日邮报》及赞比亚国家广播公司记者全程

参与了开放日活动，并对活动进行了重点报道，公司及员工 Facebook 均刊载（转载）了本次开放日活动。

通过“优秀员工家庭开放日”活动，中色非矿公司进一步传递和培树了“忠诚、责任”的企业核心价值观，赢得了政府、员工及家庭在价值观上的同频共振，进一步推进了当地员工对公司的“本土化”认同，塑造了企业的良好形象。

公司主要领导、赞比亚政府社区发展部部长、卡鲁鲁西地区政府官员和参与活动家庭成员合影。

NFC Africa Mining PLC

联想集团有限公司

从一封丹麦来信
寻找联想全球化成功的秘钥

> Torben 生活在被认为全球幸福指数较高的丹麦，但让 Torben 真正找到“生命至臻”的却是根植于中国的公司——联想。

“很久以前，有一个年轻人，一直在找寻‘生命至臻’。”

“这句话，听上去像是丹麦童话作家安徒生在童话故事里的惯用开场，但其实，这是我的故事的开场……”

在即将退休的前夕，Torben 在键盘上敲下了这样一段开场白，准备写信给联想集团董事长兼 CEO 杨元庆。在联想的工作生涯行将结束，“但是我总觉得自己永远都是联想大家庭的一员。”

Torben 是联想丹麦团队的一名员工。在西方世界，“生命至臻”代表着一个人一生中所追寻的美好时刻和宝贵经历，被视为追求人生圆满所必不可少的要素。Torben 生活在被认为全球幸福指数较高的丹麦，但让 Torben 真正找到“生命至臻”的却是根植于中国的公司——联想。

从 IBM 到联想，不曾改变的职业初心

1971 年 8 月 1 日，17 岁的 Torben 在 IBM 开始了第一份工作——邮差。那时候既没有 PC、互联网，也没有电子邮件。在哥本哈根的 IBM 总部，他穿梭在各个办公室之间，马不停蹄地收发各种信件、合同。他的工作看上去很普通，却非常重要。

“我的经理告诉我，如果这些信件没有被及时收发，很可能一笔生意就丢了；反之，一笔交易就成了。从他的话里，我明白了这些信息和我的重要性。感谢他和 IBM 的文化，让我从工作的第一天起，就能视自己为公司的重要一员。这种感情、奉献和理解，在我加入伟大的联想集团后，也未曾改变。”Torben 在给杨元庆的信中如是写道。

2004 年，联想以“蛇吞象”的气势收购了 IBM 的 PC 业务，大跨步

迈进国际市场，开启了全球化旅程。

Torben 也因此成为联想大家庭的一员。在信里，他向杨元庆表达了有幸加入联想的感激之情："我想告诉您，那是一段奇妙的旅程，我想衷心对您说声感谢。"

作为丹麦最棒的销售团队成员之一，Torben 见证了联想从进入丹麦到成为家喻户晓的品牌并占据本地 PC 市场半壁江山的过程。

收购之初，杨元庆曾亲自来到丹麦，和团队交流业务及未来计划，让他们亲身感受联想的诚意和信心。这一举动令整个团队深感意外。以前他们只是一支并不受瞩目的小团队，更不用说和公司高管面对面交流。这样的暖心问候和充满人文关怀的工作方式，让 Torben 和他的同事很快就找到了归属感。联想还聘请了本土高管作为负责人，推动业务发展。同时，丹麦团队也受到中国文化和中国团队的影响，执行力远高于其他公司。这些因素都为后来的佳绩奠定了扎实基础。

对于如何提高联想品牌在丹麦的知名度，丹麦团队创造性地提出了"出租车"愿景——让每一个出租车司机都知道去往联想的路线，也知道联想的产品是优良品质的代表。团队成员每次打车时，都会问出租车司机，您知道联想品牌吗？您知道去联想的路吗？很快，联想品牌传遍了哥本哈根的出租车司机群体，也传到了丹麦的家家户户。

在这样的不懈努力之下，联想丹麦在 2019 年拿下了 50% 的市场份额，占据丹麦 PC 销售领域的第一位。在丹麦，每卖出 100 台电脑，就有 50 台来自联想。

联想丹麦在 2019 年拿下了 50% 的市场份额，占据丹麦 PC 销售领域的第一位。在丹麦，每卖出 100 台电脑，就有 50 台来自联想。

联想全球化硕果遍地"开花"的秘籍

Torben 的故事和联想在丹麦取得的成绩是联想全球化的一个缩影。作为一家真正意义上的全球化企业，联想的脚步已经遍及欧洲、亚洲、美洲、非洲等国家和地区。

与丹麦市场一样，通过收购 IBM PC 业务，联想从 2005 年开始进入意大利，并全力出击，抓住 PC 消费者市场的崛起之势，从原来主攻大企业客户的商用市场向消费者业务和零售市场转移，积极进行市场投入，建立消费类产品线，加大渠道建设。在 15 年的不懈探索下，联想在

联想首家欧洲旗舰店在意大利开设。

目前，联想在全球180个市场运营，全球拥有员工6.3万人，服务10亿客户，营收在全球各大市场均衡分布。

意大利的市场份额排名稳居第二位，联想首家欧洲旗舰店也已经在意大利开设。此外，联想也积极在意大利市场加大智能化产业的投资和布局。从2016年开始，联想凭借领先的超算实力，为意大利最大的计算中心CINECA提供高性能集群，支持全欧洲范围内的科学研究。2019年，联想与意大利著名赛车制造商Dallara合作，为其提供超算支持，提升关键的仿真流程，从而使汽车部件设计更加有效率。

目前，联想在全球180个市场运营，全球拥有员工6.3万人，服务10亿客户，营收在全球各大市场均衡分布。联想还在全球拥有17个研发基地和30多个制造基地，可在世界范围内充分利用和调配优势资源。

作为中国企业国际化的先锋典范，联想的成功源自哪里？总结下来，除了过硬的技术实力和创新能力，联想的秘诀在于坚持走“全球化”和“本土化”紧密结合的道路，持续打造一个全球化的本土公司。

其中，联想的“全球化”确保联想的产品、解决方案和服务遍及全球市场，并且能够充分利用和调配全球优势资源，保持多元且包容的文化以吸引全球人才。而联想的“本土化”则注重在每一个市场上都充分利用本土人才，尊重当地市场的法律法规和文化习俗，与各方建立信任，积极回馈本地社区和社会。

杨元庆在对外分享经验时，也屡屡强调“全球化”与“本土化”并举，是联想在世界各国均衡、稳健发展的重要保证。

做中国企业全球化的榜样

当今世界，逆全球化、“信任赤字”问题正在升温。普华永道最新的年度 CEO 调查显示，全球超半数的 CEO 已经连续六年视信任缺乏为影响公司发展的重要问题。在这样的背景之下，中国企业走向国际的道路上布满了荆棘，此前曾引起广泛讨论的纪录片《美国工厂》中所呈现的种种冲突与分歧正是一个典型的缩影。

作为全球化的排头兵，联想的成功经验在此时更显其价值所在，值得中国出海企业借鉴。

联想的全球化运营管理牢牢把握住了“全球化”与“本土化”紧密结合的原则，从多元与包容的视角出发，对员工给予充分的尊重和信任，并且重视不同国家地区间的文化差异，兼收并蓄，努力融合。比如，联想推出标注了全球各地节假日的日历，避免员工在外国同事和客户休假时发送邮件，打扰对方。这样既可以尊重文化多样性，也保证工作能高效开展；再比如，联想建立了由不同背景高管组成的“联想集团执行委员会”，确保做出的每一个决策都能得到充分的探讨。

联想从多元与包容的视角出发，对员工给予充分的尊重和信任，并且重视不同国家地区间的文化差异，兼收并蓄，努力融合。

Torben 对这样的企业文化也有深刻感受：“过去的几年里，我带着客户和合作伙伴去过北京 8 次……展现了东西方融合如何给产业带来进步。其中一次北京之旅尤为特殊，那是 2017 年为了庆祝联想丹麦团队取得了骄人业绩，丹麦全体同事一起去了北京和香港，您在北京设宴盛情款待了我们。”

联想的努力也获得了诸多外界权威机构的认可。2020 年，联想荣登《财富》世界 500 强榜单，排名第 224 位，这已经是联想连续 10 年进入《财富》世界 500 强。同时，联想还连续两年入选“彭博性别平等指数”(Gender Equality Index ）和企业平等指数 (Corporate Equality Index)，第二次上榜美

联想 ThinkPad 包装团队对 X1 Carbon/Yoga 的零售包装进行改造，使得每个包装盒包装材料减少 1.4 千克，每年减少使用包装 400 余吨。

国《职业母亲》（*Working Mother*）“最佳公司 100 强”，并入选“多样化最佳实践包容指数”（Diversity Best Practices Inclusion Index）。

在 Torben 给杨元庆的信件结尾，他再次表示：“我在为这家全球最值得尊敬的企业工作中，找到了我的‘生命至臻’。”4 月 1 日，杨元庆在联想新财年内部信中，致敬了这位“铁杆”员工，并写道：我非常赞同 Torben 对“生命至臻”的追求，永不满足，勇于追求更高的目标，正是像 Torben 这样具有主人翁和进取精神的联想人，推动着我们的联想不断进步，总在冲击新的高度。正因为此，我相信我们终将战胜这场疫情带来的挑战，而且“那些没能摧毁我们的，终将让我们更加强大”！

在国际经济格局不断变化的今天，尤其是新冠肺炎疫情肆虐的当下，各国社会更加呼唤全球的密切合作。时代需要联想这样的全球化的成功范本，而 Torben 的故事，也将激励联想员工和更多人努力奋斗，持续为全球化的发展输送源源动力。

在 Torben 给杨元庆的信件结尾，他再次表示：“我在为这家全球最值得尊敬的企业工作中，找到了我的‘生命至臻’。”

2020

中 国 企 业 国 际 形 象 建 设 案 例 集

海外传播创新

H A I W A I C H U A N B O C H U A N G X I N

中国三峡集团新闻品牌中心

We Will Win：音乐架起国际抗疫友谊之桥

> *We Will Win* 迅速在三峡集团传播和传唱开来，坚强有力的旋律和真挚的情感打动了每一位国内的员工。

新冠肺炎疫情暴发以来，中国三峡集团海外机构高管、德国籍员工创作了歌曲 *We Will Win*，向三峡集团、向武汉和中国人民表达敬意、传递信心，在国内外宣媒体和海外社交媒体账号上形成强大的传播声势。当疫情在欧洲蔓延之时，中方员工也自发创作歌曲 *I'll Be There*，声援欧洲和全球其他地区抗击疫情，形成了境内境外互动、中外员工互相打“Call”的文化融合氛围。

精心组织策划音乐制作

2020 年 1 月底，新冠肺炎疫情暴发后，远在万里之外的三峡集团德国稳达公司 CFO（首席财务官）塞巴斯蒂安通过中方同事了解到中国人民精诚团结、全力抗疫的情景，以及三峡集团保障湖北电力供应、员工自发捐款的事迹，深受触动，主动表示愿意为三峡集团、为中国人民做出自己应有的贡献。三峡集团得知这一情况后，及时与塞巴斯蒂安沟通，从企业文化建设的角度，建议他发挥在音乐创作方面的优势，通过音乐表达个人的心意。

这一提议很快得到了塞巴斯蒂安的响应。随即，德国稳达公司安排一名中方员工，全程为塞巴斯蒂安提供歌词翻译、录制等协助，塞巴斯蒂安的母亲、表弟也参与到歌曲录制中。短短三周内，一首饱含深情的 *We Will Win* 完成视频录制。

We Will Win 迅速在三峡集团传播和传唱开来，坚强有力的旋律和真挚的情感打动了每一位国内的员工。原计划于春节后到德国稳达公司工作的李可玉听了塞巴斯蒂安的歌曲，感觉非常振奋人心，浑身充满力量。

We Will Win 海报。

受此鼓励，李可玉也决心为德国和欧洲其他地区抗击疫情创作歌曲，表达自己对他们的支持。

在创作歌曲的过程中，三峡集团给予李可玉极大的鼓励和支持。相关部门多次召集线上会议，研究歌词、旋律等细节，并针对可能引起的文化认知差异，专门将歌曲小样发给欧洲的同事，请他们从跨文化的角度提出意见和建议。三峡国际还邀请某音乐工作室加入，从歌手表情、画面层次感等专业角度对歌曲进行完善。从 3 月 3 日到 26 日，李可玉和她的 *I' ll Be There* 也在三周内得以问世。

三峡集团还深入挖掘创作背后的故事，科学设置宣传议题，积极将歌曲创作提升为具有广泛传播价值的事件。

挖掘创作背后的故事

此外，三峡集团还深入挖掘创作背后的故事，科学设置宣传议题，积极将歌曲创作提升为具有广泛传播价值的事件。

一是挖掘还原创作者的故事和创作过程。在与塞巴斯蒂安的沟通中，三峡集团了解到他出身于严谨的会计之家，从小热爱音乐，吉他、钢琴、手风琴样样精通。然而，塞巴斯蒂安已时隔 7 年没有创作歌曲，再加上工作任务、专业录制条件有限，都为创作制造了重重困难。毕业于美国密歇根大学的李可玉具备很好的先天条件，而且她为了拿出满意的作品，专门花一周"疯狂"恶补英文诗歌和歌词。歌曲小样出来后，塞巴斯蒂安第一时间向李可玉反馈："可玉，我深深地为你的歌曲所打动。这首歌

李可玉创作 *I'll Be There*。

如此美妙、温暖心间，你的声音听起来真的像一流歌手演唱的。”塞巴斯蒂安还发出邀请，盼望着李可玉尽早来德国工作，一起创作音乐，为中德两国文化交流做更多有益的事。这些故事被及时发掘出来，成为具有传播价值的素材，对歌曲的传播起到了积极的推动作用。

为更好地理解《三峡人之歌》歌词的含义，稳达公司安排中方员工将歌曲翻译为 *A Song of CTG*，并标注拼音，使塞巴斯蒂安理解歌词表达的三峡精神，触摸到三峡人的心声。

二是深层发掘跨文化融合的企业故事。2017 年初，三峡集团组织全球员工举行“K 歌达人”比赛。塞巴斯蒂安通过此次活动，深入体会到三峡集团的企业文化。为更好地理解《三峡人之歌》歌词的含义，稳达公司安排中方员工将歌曲翻译为 *A Song of CTG*，并标注拼音，使塞巴斯蒂安理解歌词表达的三峡精神，触摸到三峡人的心声。决赛中，塞巴斯蒂安用汉语声情并茂地演绎了这首《三峡人之歌》，一举拿下“明星风采奖”，现场爆发出热烈而长久的掌声。紧张的行程中，塞巴斯蒂安还在中国老师的指导下，仅用短短几天时间，便与同行的两位德国同事一起，完成了一幅饱含情谊的书法作品《情系三峡》。塞巴斯蒂安的故事，深化了三峡集团企业文化建设内涵，为后续传播提供了有力支撑。

三是设置传播议题，组织传播推广。好故事是好传播的根本，而恰当的议题设置和话语体系的设计，则会让好故事插上翅膀，使之传得更远、更响。两首歌曲创作完成后，三峡集团于 4 月 7 日召开三峡集团境外防疫及跨文化交流座谈会，邀请新华社、《人民日报》(海外版)、《人民论坛》、《经济日报》、《中国日报》、国资委“国资小新”、《中国电力报》、《中国报道》、《北京周报》、《中国与非洲》、中国网等 10 余家对外传播主流

学习强国

国际抗击疫情彰显“三峡力量”——三峡集团国际抗疫工作纪实

中国三峡 +订阅

作为全球最大的水电企业，三峡集团在全球近40个国家建设运营80多个项目。新冠肺炎疫情发生以来，三峡集团党组多次专题调研境外疫情防控工作，按照党中央国务院部署要求，全力做好境外项目建设经营、员工安全保障、社会责任履行等方面的工作，积极发挥全球抗击疫情的“三峡力量”。

三峡集团党组书记、董事长雷鸣山表示，习近平总书记系列重要讲话为疫情防控工作提供了根本遵循和科学指引，三峡集团深刻认识国内外疫情形势的复杂性和严峻性，按照“坚定信心、同舟共济、科学防

欢迎发表你的观点

中国三峡 +

疫情当下，三峡集团海内外员工纷纷动员起来，以歌曲、绘画、视频等方式，互相表达“携手抗疫、共克时艰”的美好祝愿和坚强信心。

2月初，三峡集团所属德国稳达风电公司首席财务官塞巴斯蒂安·施密特（Sebastian Schmidt），闻听中国新冠肺炎疫情蔓延后，创作英文歌曲《We Will Win》，以此支持中国人民的抗疫之战。三峡集团员工李可玉听了《We Will Win》后，很受鼓舞。随即，她创作了一首《I'll Be There》，声援欧洲抗击疫情。

我们必将获胜 We will win

塞巴斯蒂安创作抗疫英文歌曲《We Will Win》

欢迎发表你的观点

中国三峡 +

老挝分公司编制的防疫手册

交得其道，千里同好。在抗击疫情的国际战线上，“三峡力量”正成为一支重要的力量，与各国、各合作伙伴一道，团结一心、携手共进，共同迎接抗击疫情的最终胜利。

学习强国 xuexi.cn

阅读 1,454,342　点赞 49,240

欢迎发表你的观点

“学习强国”点击量超过 145 万、点赞量 4.9 万。

中国外文局《中国报道》对活动的报道。

国资委海外社交媒体账号推送三峡集团抗疫歌曲的报道。

媒体参会，围绕在抗疫大背景下的担当与作为，共同研究交流歌曲创作背后所体现的主题和传播议题，提炼出“三峡文化、三峡力量、三峡身影、三峡温度”一组关键词。参会媒体及学习强国、新华社、央视、人民网、国际在线、《中国电力报》、腾讯网、澎湃新闻等媒体，以及大量海外社交媒体账号对此进行了报道，在国内外形成了强大的传播声势。

将艺术行为延展成为全员动员

正如塞巴斯蒂安所说：“音乐是沟通世界的语言，能够战胜困难、融合文化、建立友谊。”三峡集团将两首歌曲融入全球抗疫的大背景下，将员工的艺术行为提升为全员动员、全员参与的活动，配合相关行动，为防疫抗疫提供坚强的精神力量。

一是配合境内外抗疫。2 月初，*We Will Win* 通过国内主流媒体平台广泛传播，为全国抗疫注入了强大的力量。3 月，三峡集团支持海外抗击疫情，先后向葡萄牙、巴西、巴基斯坦、秘鲁、刚果（金）、几内亚、老挝等国援助医疗物资和设备。三峡集团还通过海外机构和社交媒体账号，将 *I'll Be There* 传播到援助目的国，受到当地政府和人民的热烈响应。

二是声援海外逆行者和坚守者。3 月初起，三峡集团先后安排得力团队前往秘鲁、巴基斯坦、几内亚等地，为做好海外项目的建设和运营、为项目当地防疫抗疫和重振经济提供坚强保障。同时，一大批管理团队

参会媒体及学习强国、新华社、央视、人民网、国际在线、《中国电力报》、腾讯网、澎湃新闻等媒体，以及大量海外社交媒体账号对此进行了报道，在国内外形成了强大的传播声势。

三峡集团员工子女用儿童画为秘鲁抗疫加油。

三峡集团海外员工子女为中国加油的儿童画。

和建设者克服困难，坚守在葡萄牙、德国、巴西、卢森堡、智利、老挝等国家。*I'll Be There* 向奋斗在海外一线的“三峡人”传递了敬意、信心和祝福，得到了海外三峡人的欢迎和认可，不少员工自发学习、传唱。

三是触发更多文化融合形式。艺术的感染力是相通的。巴西、巴基斯坦、葡萄牙、几内亚等国的海外机构组织员工通过视频的形式，向中国人民表达抗疫必胜的信念。三峡集团还组织中外员工子女“童心战疫”，用手中的画笔创作抗疫作品，用手机录制视频，彼此表达祝福和信心。在一架架飞机上，中方员工子女创作的近百幅画作，随同抗疫物资一起飞向受援助国。

两首歌曲通过主流对外传播平台和海外社交媒体账号传播，点击量超过 1000 万，基本覆盖国内主流外宣媒体及其社交媒体账号，单篇点击量达 145 万。三峡国际还应邀参加中国外文局举办的“中国企业的国际战疫云论坛”，分享通过创作抗疫歌曲促进文化融合的实践。从文化建设上看：疫情期间，互动创作歌曲的举动生动诠释了“守望相助”的内涵，这是三峡集团在海外经营中致力加强企业文化建设、推动中外文化融合的结果，这种融合也增强了员工在海外抗击疫情的战斗力。

西方世界往往戴着“有色眼镜”看中国，甚至存在刻板偏见。此次抗疫原创歌曲活动和社交媒体传播，直接建立了与海外受众的沟通渠道，跨越了固有话语体系的障碍，并借助音乐这一桥梁，突破了中西方文化差异的壁垒，切实改变了海外民众对中国的了解和认知，有效塑造了三峡集团在海外舆论场的美誉度和品牌形象，在对外传播议程设置、话语体系、传播渠道等方面进行了有价值的探索和实践，并取得了积极成效。

两首歌曲通过主流对外传播平台和海外社交媒体账号传播，点击量超过 1000 万，基本覆盖国内主流外宣媒体及其社交媒体账号，单篇点击量达 145 万。

中国建筑集团有限公司

“建证全球战疫”，讲好抗疫故事

中国建筑统筹在19个国家和地区的41个海外社交平台、19个英法阿俄4语种外文官网，构建海外传播新媒体矩阵，覆盖粉丝115万人，策划发布“建证战疫”系列报道1015篇，阅读量达1356.9万次，联动国内外媒体报道907篇。

“疫情没有国界，世界各国是休戚与共的命运共同体。”新冠肺炎疫情发生后，中国建筑集团有限公司（下称中国建筑）心系海外每一位员工，把海外疫情防控作为企业工作的重中之重，迅速成立海外疫情防控工作小组，向埃及、阿尔及利亚、柬埔寨、埃塞俄比亚等境外机构派驻具有医疗功能的工作组，抓紧抓实抓牢海外疫情防控工作。为增强员工信心、筑牢心理防线，中国建筑强化议题设置、统筹渠道资源、创新传播方式，精心组织开展“建证全球战疫”主题海外传播，生动讲好以人为本、团结合作的抗疫故事，展现中国企业积极应对全球挑战的负责任形象。截至目前，中国建筑统筹在19个国家和地区的41个海外社交平台、19个英法阿俄4语种外文官网，构建海外传播新媒体矩阵，打造立体综合海外传播体系，覆盖粉丝203.5万人，策划发布“建证战疫”系列报道1015篇，阅读量达1356.9万次，联动国内外媒体报道907篇，全方位讲好抗疫故事，分享抗疫经验，凝聚抗疫力量。

讲好两山医院建设故事

中国建筑统筹策划抗疫主题传播亮点，抓住火神山、雷神山医院竣工、交付、维保等重要工程节点，多角度、多平台、多形式报道医院建设。2020年1月24日，除夕之夜，一条关于武汉火神山医院建设的视频一举冲上推特平台国际新闻首页热门，当晚观看量超446万，超过153万的全球网友参与互动。在接到火神山、雷神山医院建设任务后，中国建筑举全集团之力，调集一切力量推动项目加速实施，10天建成火神山医院、12天建成雷神山医院。项目现场数千台机械、几万名建设者无缝对接、密切协作，针对海内外受众对项目进展的关切，中国建筑协同 CGTN（中国国际电视台）创新传播形式，首次采用网络直播形式对施工现场进行“云监工”。24 小时“慢直播”吸引了近 1 亿海内外网友观看，让世界共同见证中国建筑工人与疫情的这场赛跑。美国《纽约时报》称，无人机拍摄的图像显示，卡车、挖掘机和工人们在火神山、雷神山医院工地全力作业，短短几天时间医院已完成主体结构。

截至 2020 年 6 月，火神山、雷神山医院建设境外媒体新闻报道、海外社交平台帖文 1.4 万余条，仅中、英、法、德、俄、西、阿 7 个语种，就有 75 个国家和地区的 681 家新闻媒体进行报道，覆盖境外受众超过 40 亿人，成为境外媒体报道中的高频词汇。此外，中国建筑在自有 12 个海外社交平台发布火神山、雷神山建设帖文 81 篇，阅读总量达 335 万，互动量达 23.8 万，近 3 万名海外粉丝点赞留言。《人民日报》（英文版）的《武汉建筑工人：这是我做过的最有意义的事情》、新华社英文版的《直面病毒的雷神山医院建设者》等系列报道，讲述了医院交付后，中国建筑维保人员坚守抗疫一线，与白衣天使并肩作战的故事。

除主题传播外，中国建筑还组织挖掘火神山、雷神山医院建设中有温度、接地气的海外传播素材，增强故事的吸引力和感染力，讲好讲活

截至 2020 年 6 月，火神山、雷神山医院建设境外媒体新闻报道、海外社交平台帖文 1.4 万余条，仅中、英、法、德、俄、西、阿 7 个语种，就有 75 个国家和地区的 681 家新闻媒体进行报道，覆盖境外受众超过 40 亿人。

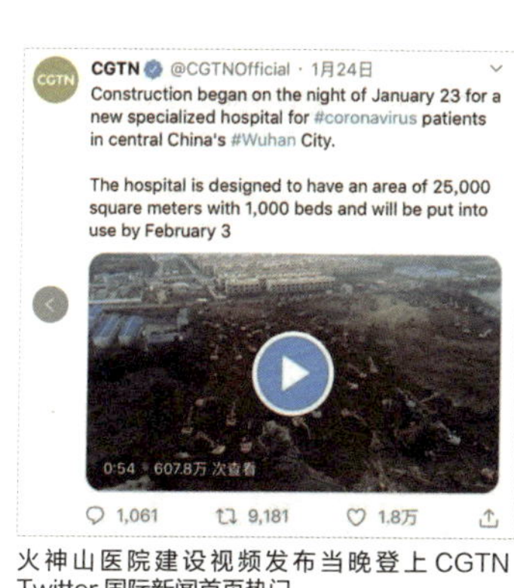

火神山医院建设视频发布当晚登上 CGTN Twitter 国际新闻首页热门。

中国建筑 Facebook 发布火神山医院建设视频。

中国建筑 Facebook 发布火神山医院帖文。

中国建筑 Facebook 发布火神山医院建设者罗文浩为新生女儿取名的故事。

医院建设故事。1 月 30 日，中国建筑 Facebook 发布了火神山建设一线员工郑红升的故事，阅读量达 15 万，超过 4 万名海外网友参与互动。帖文讲述了郑红升及医生妻子在武汉疫情期间全力以赴、共同参加抗疫的故事，从医院建设者的角度表达郑红升希望能为像妻子一样的医护人员提供最安全的医疗工作环境，引发海外网友的情感共鸣和祝福。2 月 20 日，中国建筑 Facebook 帖文《战疫中“建”证新生命》讲述了员工罗文浩因奔赴火神山医院建设，没能亲自见证女儿的出生，为女儿取名“媛涵”的故事。有海外网友留言 ：“在这样特殊的时期看到美好的新生命，就如同迎来春天一样令人充满希望。”

讲好海外项目防疫、生产的故事

中国建筑坚持多语种并用、多形式共存、多平台联动，全方位呈现事实、传递情感、传播理念，讲述中国企业强化疫情防控，为当地经济发展所做出的努力与贡献。

中国建筑坚持多语种并用、多形式共存、多平台联动，全方位呈现事实、传递情感、传播理念，讲述中国企业强化疫情防控，为当地经济发展所做出的努力与贡献。结合所在国舆论环境，中国建筑每周分析研判、

文莱淡布隆大桥通车帖文。

斯里兰卡南北高速公路项目通车帖文。

马尔代夫保障房项目交付帖文。

迪拜山庄道路改造项目提前竣工帖文。

策划选题，定期遴选一批适合海外传播的短视频、图文等优秀作品，进行多媒体多语化加工，并根据不同平台受众特点实施分众化、差异化传播。

针对国际主流媒体和各国网友对“一带一路”沿线项目建设进展的关注，中国建筑及时发布权威信息，展现海外项目防疫保产双管齐下的有力举措和成效。3 月 17 日，由中国建筑承建的文莱淡布隆跨海大桥提前启用，此次通车有效降低了文莱本土和淡布隆区之间居民乘船往来交叉感染的风险。中国建筑第一时间在 Facebook、Twitter 等海外社交平台发布有关消息，以航拍纪实视频展现项目按时交付、顺利通车，以及疫情期间组织全体中方和属地员工学习防疫知识，每天对办公区、食堂、生活区进行多次消毒的情景。有文莱网友评论：“中国帮助文莱建造的这座桥可以减少人们密集乘船带来的交叉感染！这实在太棒了！”

同时，中国建筑推出《斯里兰卡南部高速项目全线通车》《马尔代夫最大保障房项目提前交付》《迪拜山庄道路改造项目提前竣工》《美国长岛铁路项目建设不停歇》等相关帖文，被外交部新闻发言人赵立坚、中国驻黎巴嫩共和国大使王克俭、CGTN 全球财经主持人关馨等网络大 V 关注转发。马尔代夫业主瓦吉赫在 Twitter 下留言：“起初我对项目能否如期完成非常担忧，后来我看到中国企业采取的应急措施，保障了员工健康安全地工作，项目组积极应对国际物流困难，全力履约保生产，最终比合同工期提前十几天完成，让我们亲眼见识了中国建造和中国速度的厉害。”

讲好海外战疫感人故事

中国建筑深入挖掘海外战疫人物故事，以“个人叙事”为基本要素，讲好中建员工团结一心、同舟共济抗击疫情的故事。“不留情面”的迪拜保安达灵顿、主动担当项目消毒工作的守护天使阿尼莎、教属地员工防疫知识的孟加拉国小哥萨达等，交织成疫情面前暖心的人物群像，中建海外人的执着坚守与顽强精神，被丰富完整地展现出来，引发海内外受众情感共鸣。

中国建筑深入挖掘海外战疫人物故事，以“个人叙事”为基本要素，讲好中建员工团结一心、同舟共济抗击疫情的故事。

总有一些故事，让人充满勇气。尼日利亚籍员工达灵顿是中建中东迪拜派拉蒙项目部的保安，每天负责检查进入项目部人员的防护措施，

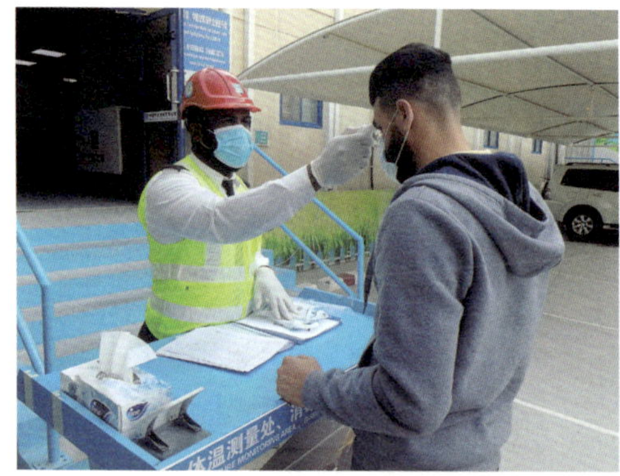

正在为员工测量体温的达灵顿。

尼泊尔项目抗疫天使阿尼莎。

中国建筑组织11个国家和地区的近50名外籍员工共同录制《中国加油 武汉加油》短视频，观看量169万次。

达灵顿说："没有人可以从我这里侥幸过关，我要把潜在的疫情阻挡在项目外。"达灵顿在检查的同时，会耐心地向来访者普及防疫知识，帮助当地民众提高防控意识。达灵顿的故事发布后，引起海外网友的广泛点赞，有肯尼亚网友留言："勇敢的男人，愿上帝保佑你！"马来西亚网友留言："好样的小伙儿，为你感到自豪！"海外受众在了解事实的同时，更能在感同身受中汲取精神力量。

总有一些故事，让人心存感动。围绕国际社会对中国抗疫的关心牵挂，中国建筑组织11个国家和地区的近50名外籍员工共同录制《中国加油 武汉加油》短视频，在中国建筑系列海外社交平台传播34次，观

中建阿尔及利亚公司组织中阿员工子女隔空对“画”为武汉加油。

看量169万次，收获来自伊拉克、巴基斯坦、埃及、菲律宾等20多个国家网友的祝福和鼓励。中建阿尔及利亚公司组织“建证战疫”主题绘画展，策划中阿小朋友隔空对“画”，为全球战“疫”加油。此次活动收到中阿员工子女创作的30多幅儿童绘画作品，孩子们通过独特的视角、丰富的想象力，以与新型冠状病毒做斗争为主题，通过一幅幅生动画面讲述了一个个抗疫故事，表达了对全球医务人员、公安警察、志愿者，以及火神山、雷神山医院建设者的敬意。5岁的艾琳说：“超人会帮我们打败病毒！”4岁的阿尼莎说：“等春天来了，我们就能一起出去玩儿了。”尽管相隔万里，通过一幅幅画作和孩子们朴实的言语，仍可感受到危机中的爱与希望。

讲好海外合作抗疫故事

山川异域、风月同天。围绕企业向所在国政府提供支持援助，中国建筑策划推出《相知无远近，中国建筑捐赠防疫物资运抵阿尔及利亚》《建证友谊，中国建筑为印尼援建临时病房》《中国建筑全力支援埃塞隔离病房改造》《青山一道同云雨，中国建筑向埃及捐赠医疗防疫物资》等报道，生动展现中国建筑的责任与担当。中国网8语种专题报道《中建集团：疫情下用行动诠释企业担当》，被美国、英国、加拿大、澳大利亚、德国、瑞士等18个国家126家媒体转载，海外用户阅读量达5600万次，其中32家媒体进行了二次转发传播。

中国网8语种专题报道《中建集团：疫情下用行动诠释企业担当》，被美国、英国、加拿大、澳大利亚、德国、瑞士等18个国家126家媒体转载，海外用户阅读量达5600万次。

4月27日，中国建筑受马尔代夫合作方住房发展公司委托，建造可

中国建筑为马尔代夫政府抢建防疫设施。

满足约 8000 名外籍劳工的居住设施，帮助改善和疏解外籍工人居住拥挤现状，助力马尔代夫疫情防控。项目工期短、工程量大。但眼看马尔代夫疫情加速蔓延，为了确保项目尽早投入使用，项目部决定加快施工进度，克服各项困难，制订专项施工计划，在保证安全施工的前提下，实行 24 小时轮班施工制，做好各项工作无间断。马来西亚主流媒体 Avas 第一时间报道了项目开工的消息，西姆哈德是马尔代夫建筑公司的老板，在媒体上看到项目开工的报道后，他第一时间给项目部打来电话，激动地说："谁也没有想到马尔代夫疫情形势会如此急转直下。中国企业关键时刻伸出援手，缓解了我们政府抗疫的巨大压力，为马尔代夫打了一针强心剂。"

中国驻马尔代夫大使在 Twitter 上发布帖文表示，近日收到马尔代夫总理来函，获知中国建筑承建的外籍劳工居住设施项目顺利交付，他为中国建筑的迅速回应和付出的努力感到自豪。

中国建筑还积极与当地政府、专家学者分享交流防疫经验。中建南洋公司结合国内防疫经验和新加坡当地政府要求，编制项目防疫和复工复产预案，其中 6 项措施和案例被新加坡建设局编入《建筑行业防疫管理要求》。疫情初期，中国建筑在埃及新首都项目举办媒体开放日，向中外媒体现场示范日常排查、隔离保障、防护物资、红外线测温、数字化统计等情况，毫无保留地分享项目建设与防控经验。在做好自身防疫的同时，中国建筑还组织为在埃留学生送“抗疫帮扶包”、为埃及贫困民众捐助斋月礼盒、向埃及政府捐赠医疗物资等活动，用实际行动诠释人类命运共同体理念。

习近平总书记指出，国际社会高度关注疫情发展，要主动回应国际关切，讲好中国抗疫故事。中国建筑将持续提升国际传播能力，讲好中建故事，讲好海外抗疫故事，展现中国企业海外良好形象。

中国建筑还组织为在埃留学生送“抗疫帮扶包”、为埃及贫困民众捐助斋月礼盒、向埃及政府捐赠医疗物资等活动，用实际行动诠释人类命运共同体理念。

中国建筑被中国驻埃及大使馆授予中埃抗疫合作贡献奖。

中国土木集团尼日利亚有限公司

立体浸入式体验 让尼日利亚爱上“中国标准”

尼日利亚拉伊铁路。

尼日利亚是非洲第一大经济体，第一人口大国。受制于落后的基础设施，长期以来，公路仍是尼日利亚国内最主要的交通方式，公路运输分别占国内货运量的93%和客运量的96%。

作为尼日利亚的前首都，拉各斯不仅是非洲第一大城市，也是尼日利亚最大的港口城市，不但拥有超过2300万人口，同时还承担着全国约80%的进出口货运量。除了一条英国殖民时期修建的窄轨铁路外，拉各

拉伊铁路奥贡河特大桥。

斯与尼日利亚内陆城市的联系主要通过公路运输，大量的货物运输和旅客来往造成了拉各斯的交通异常拥堵，当地民众苦不堪言。拥有一条现代化铁路是当地民众一直以来的梦想。

由中国铁建中国土木集团（下称中国土木集团）承建的尼日利亚拉伊铁路是西非地区首条中国标准双线铁路，线路南起非洲最大城市拉各斯，北接尼日利亚工业重镇伊巴丹。拉伊铁路的建设对于完善拉各斯港口后方铁路集疏运体系、改善交通环境、促进沿线地区的经济发展具有重要的意义和作用。

拉伊铁路项目建设以来备受当地民众瞩目，对于铁路的建设和开通运营也充满了期待。中国土木集团充分理解当地民众对现代化铁路建设的期待，一改“填鸭式”的传统传播方式，通过主动“开放”的形式，邀请当地民众“走进”正在建设的拉伊铁路，立体浸入式体验“中国标准”，打造“中国标准”海外传播新形象，让海外民众了解“中国标准”，爱上“中国标准”。

当地政府官员试乘拉伊铁路。

当地青年学生在列车上载歌载舞。

民众试乘，让社区、政府惊叹“中国标准”

拉伊铁路是尼日利亚铁路现代化项目的第二段，除了阿布贾至卡杜纳铁路以外，目前尼日利亚其他地区没有标准轨铁路，当地民众甚至许多政府官员都未乘坐过标准轨列车。中国土木了解此情况后，在铁路部分区段铺通后，向当地政府官员、青年学生和普通民众免费开放，让他们通过试乘体验亲身感受“中国标准”，了解“中国标准”。

> 铁路部分区段铺通后，向当地政府官员、青年学生和普通民众免费开放，让他们通过试乘体验亲身感受“中国标准”，了解“中国标准”。

尼日利亚拉伊铁路建设期间，交通部部长几乎每月都率领联邦政府和地方州政府官员到拉伊铁路检查施工进展。在部分轨道铺通后，拉伊铁路在当地政府官员检查时临时开通列车，邀请政府官员乘坐列车沿着线路查看项目建设情况，让他们通过亲身体验，了解“中国标准”。

项目建设期间，时常有当地学生往返于拉各斯州和奥贡州之间参加各类活动。拉伊铁路项目积极履行社会责任，主动开通列车运送他们往返，当地青年学生通过亲身体验了解“中国标准”，增加了对“中国标准”的好感。

2019 年 12 月，在“圣诞”和“元旦”双节到来之际，为缓解当地的交通压力，让当地民众能够提前体验中国标准轨铁路，中国土木集团

开展媒体开放日活动。

响应尼日利亚交通部号召，在拉伊铁路开展提前免费载客运营服务。活动一经推出便在当地火爆，免费载客运营期间，每天运行两趟的列车全部满载，乘坐标准轨列车出行成为当地民众在假期中走亲访友的第一选择。为了抢到一张早上9点出发的火车票，有的乘客甚至从早上5点多就到火车站排队。据不完全统计，从2019年12月至2020年3月初新冠肺炎疫情暴发之前，免费载客运营活动共安全运送旅客超过10000人次。

媒体公开，让非洲记者主动讲述“中国标准”

媒体是公众获取信息的重要来源，媒体记者们所传递的信息在很大程度上影响着当地民众对“中国标准”的理解。为了让当地媒体记者直接、全面、深入地了解拉伊铁路，更好地了解“中国标准”，讲述“中国标准”，传递“中国标准”，2020年2月8日，中国土木集团在拉伊铁路试运行列车上举行了“媒体开放日、记者乘拉伊”活动。20多名来自电视台、平面媒体、社交媒体的记者应邀参加。

在开放日活动上，*Daily Trust* 交通记者阿布达拉迪夫在平稳的车厢内不断走来走去，细心感受这趟“中国标准”列车。阿布达拉迪夫在 2017 年铁路开工伊始就报道过这条铁路，说起体验“中国标准”铁路的感受，他一边把腿伸直一边说：“太舒适了，简直就是飞机头等舱的享受。”

来自 *Nation* 的记者因卡长期从事交通运输领域报道。他指出，火车不仅可以方便乘客旅行，还可以运输货物，希望经过中国的帮助，尼日利亚可以建成现代化的铁路网，连接各个港口和各大城市，这将极大提升尼日利亚的经济发展。

记者们从拉各斯上车，抵达伊巴丹，再原车返回，全程近距离体验中国路、中国桥、中国车，再一次加深了他们对“中国标准”的切身感受。在列车上，他们对“中国标准”赞不绝口，齐竖拇指。

云开放日启动仪式。

云开放日视频。

中国土木集团精心组织策划了“云开放日”活动，让更多民众，通过云端了解“中国标准”，爱上“中国标准”。

云端体验，让世界爱上“中国标准”

中国土木集团充分理解当地民众对现代化铁路的期待，精心组织策划了“云开放日”活动，让更多无法实地体验的民众，通过云端了解“中国标准”，最大限度地增加了“中国标准”的受众，让他们认识并爱上“中国标准”。

2020年，新冠肺炎疫情在全球蔓延，尼日利亚疫情形势也异常严峻。拉伊铁路施工建设能否正常推进成为当地不少民众关心的问题。为了让当地民众了解疫情期间拉伊铁路施工进展和复工复产情况，2020年7月24日，尼日利亚拉伊铁路推出“云开放日”活动。活动以“携手共建 联通未来”为主题，由拉伊铁路项目对外联络员阿道奇・雅库布带领国际观众，从线上360度近景参观拉伊铁路拉各斯火车站施工现场，走进车站进站厅、调度中心，一睹未来区域新地标建筑的风采，揭秘当地项目疫情防控措施和施工进展。

为确保以高质量视频吸引眼球，根据现场情况，“云开放日”视频设计连线尼日利亚第一位女火车司机，连线项目监理，直播员工载歌载舞等环节。在完整24分钟“云开放日”视频的基础上，中国土木集团还有针对性地精选“复工”RAP（说唱）、介绍拉伊铁路、现场防疫、外国工程师连线、铺路神器和尼日利亚首位女火车司机白杨等6个短视频片段在各类媒体上发布。其中，当地员工自创“复工”RAP短视频，点燃海内外“云开放日”参与者的热情，成为海外社交媒体短视频爆款，仅新华社海外Facebook平台观看量就超过10万。

“云开放日”活动立足传播，着力提升媒体融合度，打造全媒体推送、多角度展示、全方位宣传。中国土木集团借助国资委新闻中心积极对接中央主要外宣媒体，并主动对接当地媒体、国际媒体，充分利用网络媒体和海外社交媒体账号进行矩阵式传播。

“云开放日”活动期间，《人民日报》(海外版)、新华社、中国国际电视台（CGTN)、《中国日报》、人民网、新华网、环球网、中国网、“一带一路”新闻合作联盟等9家主流媒体16个平台同步报道相关情况，发布稿件21篇。其中，新华社报道被纳米比亚通讯社等媒体转载。“云开放日”视频在中国国际电视台（CGTN）Facebook、微博平台发布，阅读量超100万。

在海外社交平台上，“云开放日”活动获得大量关注，“云开放日”视频在国资委新闻中心Facebook账号点击量超100万。在中国土木集团官方Facebook，开放日原创帖文阅读量达10.8万、互动量超3000，Twitter平台系列帖文阅读量达15.5万、互动量超1.2万。尼日利亚总统数字新媒体特别助理、尼日利亚铁路公司、CNN亚洲专题编辑等众多网络“大V”转载并在原创帖文中提及此次“云开放日”活动。

在中国土木集团官方Facebook，开放日原创帖文阅读量达10.8万、互动量超3000，Twitter平台系列帖文阅读量达15.5万、互动量超1.2万。

尼日利亚拉伊铁路“云开放日”还被海外媒体、尤其是非洲媒体广泛报道，以英语、法语、阿拉伯语等语种发布。据初步统计，南非新闻报刊、亚洲通讯社、非洲商业网等100余家来自尼日利亚、阿联酋、英国、印度、澳大利亚、美国及非洲地区的媒体进行了报道，被包括彭博社等在内的100家国际媒体转载，预计受众人数超过900万。

近年来，随着国家“一带一路”倡议得到世界的广泛响应，越来越多的中国企业、中国技术、中国标准走向海外。在当前单边主义、保护主义蔓延的形势下，加强多边合作、提倡国际协同发展显得尤为重要。中国土木集团通过创新传播方式，打造“中国标准”海外传播新形象，为中国企业、中国技术、中国标准更好地走向海外提供了有益借鉴。

中国港湾工程有限责任公司

建设中斯命运共同体的“未来之城”

科伦坡港口城建立了项目官网、Facebook、Twitter、YouTube 等社交平台账号，定期分享项目的正面信息和最新热点，拉近了项目与东道国民众的距离。

斯里兰卡是一个位于印度洋的热带岛国，有“印度洋上的明珠”美称，是“一带一路”海上丝绸之路的重要节点。2014 年 9 月 17 日，在国家主席习近平和斯里兰卡时任总统拉贾帕克萨的见证下，由中国交通建设集团中国港湾工程有限责任公司(下称中国港湾)和斯里兰卡政府共同合作开发的科伦坡港口城项目正式开工。2018 年，科伦坡港口城被美国《福布斯》杂志评为“影响未来的五座新城”之一，2020 年获得 ENR“全球港口类最佳项目奖”。

斯里兰卡是一个高度重视人文环境的国度，良好的社企关系对科伦坡港口城项目来说尤为重要。自开工以来，科伦坡港口城项目建设从斯里兰卡实际发展需求出发，积极参与到斯里兰卡整体环境改善当中，并持续通过打造优质工程、加强宣传推广，积极提升项目形象和口碑，将科伦坡港口城打造成“一带一路”的标杆项目。

通过国内外媒体主动发声

科伦坡港口城项目公司非常重视加强宣传推广，通过社交媒体平台自运营和国内外主流媒体发声，取得了良好宣传效果。

科伦坡港口城建立了项目官网、Facebook、Twitter、YouTube 等社交平台账号，定期分享项目的正面信息和最新热点，让斯里兰卡民众能够直接了解项目对斯里兰卡经济、社会的重要意义，拉近了项目与东道国民众的距离。项目公司还定期邀请斯政府官员、协会、学生等团体到现场参观，介绍工程进展和项目愿景，累计接待参观团队超过 610 组、5900 人次。

2020 年 1 月和 8 月，项目公司两次组织媒体圆桌会，向斯里兰卡主流媒体记者介绍项目促进当地经济发展和就业、共同抗疫、复工复产等基本情况，共同探讨科伦坡港口城企业社会责任、中斯跨文化融合等议题，并对项目未来发展进行展望和提出建设性意见。2019 年 7 月 1 日至 2020 年 6 月 30 日，斯里兰卡当地主流媒体发布涉及科伦坡港口城项目的正面报道累计共 506 篇。通过各主流媒体对科伦坡港口城项目的持续关注和报道，当地民众能够正确了解项目并予以支持，让项目与社会各界拧成一股绳，共建中斯命运共同体。

2020 年 1 月 13 日，科伦坡港口城项目公司成功举办了首届社会责任报告发布会。当天，斯政府代表、中国驻斯使馆代表、中资企业代表、50 余名当地记者、渔民代表、青少年代表及社会各界人士 100 余人共同参与了活动。在肯定项目优质工程的基础上，斯方政府特别提到了项目

2019 年 7 月 1 日至 2020 年 6 月 30 日，斯里兰卡当地主流媒体发布涉及科伦坡港口城项目的正面报道累计共 506 篇。

斯里兰卡科伦坡港口城项目公司举办 2019 年首次媒体圆桌会，10 余家当地主流广播、电视及平面媒体人员参加会议。

科伦坡港口城启动“科伦坡美丽海滩计划”。

公司积极组织的社会公益活动，包括渔民生计改善计划、“美丽海滩行动”等，都让斯里兰卡民众切实感受到了实惠，社会责任报告中的照片，记录了他们一个个淳朴美好的笑容。斯方主流媒体积极转发正面报道，为加强项目正能量宣传、积极创造良好舆论环境提供了坚实保障。

受新冠肺炎疫情影响，当地经济、百姓正常生活和收入都遭受了较为严重的冲击和影响。在此特殊时期，项目公司以“港湾速度”完成“方舱隔离区”建设，有效解决了复产复工和科学防疫的困难和挑战，充分展示了负责任的中国企业形象，得到社会民众的广泛好评。2020 年 5 月，《港口城进行时》抗疫纪录片在 Facebook、YouTube 等平台发布，展现了疫情期间科伦坡港口城建设者们对抗疫情、安全复工的故事，吸引了斯里兰卡民众的关注和传播。

2020 年 5 月，《港口城进行时》抗疫纪录片在 Facebook、YouTube 等平台发布，展现了疫情期间科伦坡港口城建设者们对抗疫情、安全复工的故事。

2020 年 7 月，科伦坡港口城进行了线上云直播，让斯里兰卡乃至全球观众跟随斯里兰卡著名女主持人印地瓦里·阿姆娃塔一起，走进科伦坡港口城这座“未来之城”，直观、立体地展现科伦坡港口城的创新和进展。

科伦坡港口城举办云开放日。

同时，通过印地瓦里·阿姆娃塔对佛教大学、智库学者的采访，展现科伦坡港口城认真践行企业社会责任、给斯里兰卡经济发展带来的巨大潜力。印地瓦里·阿姆娃塔在社交媒体上公开表示："我被这座'未来之城'所震撼！"文章配以自己亲临项目现场的照片，被众多粉丝纷纷转发。

联合主流智库，用项目事实说话

项目团队非常重视和斯里兰卡本地、全球主流智库进行合作和沟通，通过客观、真实地展示优质项目建设成果，积极提升项目在斯里兰卡政府、社会精英、民众中的形象和地位。

2020 年 1 月 22 日，项目公司联合斯里兰卡本地著名智库 Pathfinder（探路者基金）发布报告 *Connecting the East and the West*（联通东方与西方），并递送给总统戈塔巴雅·拉贾帕克萨。

2 月 14 日，普华永道（PWC）在 2020 年斯里兰卡国家法律大会开幕式上，向总统戈塔巴雅·拉贾帕克萨递送了有关科伦坡港口城影响力

2020 年 1 月 22 日，项目公司联合斯里兰卡本地著名智库 Pathfinder（探路者基金）发布报告 *Connecting the East and the West*（联通东方与西方），并递送给总统戈塔巴雅·拉贾帕克萨。

评估报告——*Economic Imparct Assessment of The Port City Colombo*（科伦坡港口城影响力评估报告）。

报告提到，科伦坡港口城在一级开发、二级开发和城市运营三个阶段里，将持续为斯里兰卡创造超过 40 万个优质就业岗位，吸引超过 97 亿美元的外国直接投资，对斯里兰卡国际收支产生积极影响，同时为斯里兰卡政府增加超过 50 亿美元收入。

5 月 26 日，Pathfinder（探路者基金）向总统戈塔巴雅·拉贾帕克萨及总理马欣达·拉贾帕克萨递交了名为 *A New Economic Vision for PostCOVID-19 Sri Lanka*（后疫情时代斯里兰卡经济新愿景）的研究报告，其中援引了项目公司总经理江厚亮发表的关于疫情下如何重振斯里兰卡当地经济的建议。

6 月 4 日，项目公司联合普华永道、斯里兰卡智库 LKI（Lakshman Kadirgamar 国际关系战略研究学院）及斯里兰卡流媒体 Daily FT（每日财经时报）举办主题为"Colombo Port City: Potential Growth Impact for Sri Lanka"（科伦坡港口城：斯里兰卡潜在增长影响）的线上论坛，围绕"港口城经济特区——斯里兰卡现代服务的催化剂"这一话题，深入讨论斯里兰卡在南亚服务业的现状和竞争力，并展望科伦坡港口城打造高端服务业所需的优惠政策和发展前景。

一系列智库报告和线上论坛的推广，为项目建设、开发和政策制定创造了良好的舆论环境。

一系列智库报告和线上论坛的推广，为项目建设、开发和政策制定创造了良好的舆论环境。斯里兰卡新政府明确提出将大力推进科伦坡港口城项目。在 5 月 15 日习主席和斯总统戈塔巴雅·拉贾帕克萨的通话中，斯方强调愿意顺利推进科伦坡港口城等"一带一路"重大合作项目。2020 年 7 月，斯里兰卡政府宣布在科伦坡港口城内建设的科伦坡国际金融中心综合体将享受的税收优惠政策，为项目二级开发打入了一针强心剂。在新政府的规划中，港口城将成为一个单独拿出来管理的特别经济开发区。

举办各类活动树立企业品牌形象

科伦坡港口城项目公司在积极进行工程建设的同时，还注重跨文化融合，积极践行企业社会责任，通过举办各类社会活动提升自己的品牌

“民族团结环岛行”。

形象。

2015 年，科伦坡港口城策划实施“民族团结环岛行”活动，以“民族团结和谐、创想美好未来”为主题，受到当地民众的热烈欢迎。活动穿越斯里兰卡 9 个省，25 个地区，1500 个村庄，共历时 40 天，遍及斯里兰卡全境。此行旨在收集沿途的每个村庄的一块纪念砖，以建造“全岛团结纪念碑”。时任斯里兰卡总统西里塞纳参加了活动的闭幕式，并为“纪念碑”落砖奠基。“民族团结环岛行”，极大地促进了科伦坡港口城的品牌形象传播。

“民族团结环岛行”，极大地促进了科伦坡港口城的品牌形象传播。

2018 年，科伦坡港口城项目公司组织策划、翻译并向斯里兰卡龙喜国际佛教大学捐赠 2500 册中国传统文化典籍《弟子规》，便于当地民众了解中国传统文化。斯里兰卡龙喜佛教大学僧人强帝玛在捐赠仪式上带着微笑说：“感谢中国港湾帮助我们将中国传统文化典籍《弟子规》翻译成僧伽罗语，教育当地孩子们养成良好的行为规范。”随后，他还分享了一个个鲜活的中斯文化交流故事，更深入地展现了中斯之间文化融通、

科伦坡港口城项目公司向斯里兰卡龙喜国际佛教大学捐赠《弟子规》。

民心相通的传统友谊。

2020 年 1 月科伦坡港口城项目公司联合中国港湾斯里兰卡区域公司成功开展大型的海滩清洁环保活动——“科伦坡美丽海滩计划”，对超过 10 公里的海滩进行清洁和维护，设立公益垃圾箱，策划环保宣传标语、标牌，为保护当地生态环境、提高民众环保意识而不懈努力。

2020 年 7 月 6 日，科伦坡港口城作为协办单位参与由斯里兰卡孔子学院总部 / 国家汉办主办的第 19 届“汉语桥”海外预选赛，积极推广中国文化，鼓励更多斯里兰卡青年成为连接中斯友谊的桥梁。

今后，科伦坡港口城将不忘初心、内外兼修，持续通过打造优质工程、加强宣传推广，积极提升项目形象和口碑，打造“一带一路”标杆项目，为传播中国好声音、讲述中国好项目贡献一份力量。

深圳巴士集团股份有限公司

为全球低碳出行提供“深圳方案”

作为全球最大的新能源公交运营企业，深圳巴士集团股份有限公司在全世界率先实现公交大巴和出租车全面电动化，仅电动公交车每年就可节约能源消耗约 16 万吨标准煤，减少 44 万吨的二氧化碳排放，减少一氧化碳、二氧化氮、二氧化硫、颗粒物等污染物排放合计约 2400 吨。纯电动公交车“无气无味”，车辆运行平稳、噪声低，解决了公交噪声扰民问题，乘客体验舒适度大幅提升。深圳巴士集团全面电动化优秀实践引发全球关注，其规模化应用和运营管理经验值得向全球推广。

2017 年，深圳巴士集团受邀参加国际公交联会（The International Association of Public Transport，UITP）主办的第 62 届全球交通峰会，开启国际化公交品牌探索之路。通过与 UITP 深度合作、加强国际交流与合作、增进媒体合作等举措，深圳巴士集团仅在 3 年内全球关注度大幅提升，绿色公交品牌形象日益鲜明，国际影响力与日俱增。

通过与 UITP 深度合作、加强国际交流与合作、增进媒体合作等举措，深圳巴士集团仅在 3 年内全球关注度大幅提升，绿色公交品牌形象日益鲜明，国际影响力与日俱增。

开创公交行业国际交流新范式

城市公共交通近年来发展迅猛，特别是绿色环保出行趋势席卷全球，各国和各地区都非常关注公交电动化，这关系到城市环境问题改善及城市可持续发展。深圳巴士集团电动化优秀实践在全球开创先河，如何在将这些成功经验推广出去的同时，实时引进国外先进交通资讯，需要借助相应的国际平台或资源。

UITP 作为全球最负盛名、最具影响力的国际性公共交通行业组织，长期致力于在世界范围内推广便捷、畅达、可持续的公共交通服务。2017 年，深圳巴士集团加入 UITP，成为中国首个 UITP 巴士委员会委员

深圳巴士集团 UITP 培训中心培训现场。

深圳巴士集团 UITP 培训中心讲师授课。

深圳巴士集团成功举办10多场纯电动公交培训考察活动和研讨会议，吸引了70多个国家和地区的近500位交通领域专家学者、企业家、政府官员和代表参与。

单位，并于2019年成为其出租车及网约车委员会主席单位，寻求国际性行业资源，发挥全球领导力。

通过与UITP联合成立区域培训中心，建设国际性交流平台，深圳巴士集团成功举办10多场纯电动公交培训考察活动和研讨会议，吸引了70多个国家和地区的近500位交通领域专家学者、企业家、政府官员和代表参与。该培训中心可持续推广中国纯电动公交运营经验，引进先进的国际公共交通资讯及资源，拓展国际管理视野，增强深圳巴士集团的全球影响力。

培训作为一种潜移默化式的传播方式，是非常有效的品牌营销手段。通过培训可成功推广深圳巴士集团优秀运营经验，塑造绿色公交典范，使品牌形象得以逐步树立，兼具人际传播和口碑传播的效果。

UITP每隔2年会组织一场高规格、大规模的交通峰会暨展会，2019年第63届世界交通峰会暨全球交通展会在瑞典斯德哥尔摩举办，深圳巴士集团作为参展商和主旨演讲企业受邀参会。作为海外展会“首秀”，深圳巴士集团将展位选择在人流最为集中的位置，在展位设计、宣传手册、纪念品等设计上突出绿色节能和蓝色环保定位，最大化现场人际传播效果。

深圳巴士集团参加第 63 届世界交通峰会展位。

通过这种直接的面对面沟通，减少了文化差异带来的传播阻碍，现场调动客户直接参与和全面互动，以便建立长期有效的合作关系。此次展会展示了深圳巴士集团在城市节能减排方面的突出贡献，也展示了企业绿色可持续发展理念，积累了丰富的行业资源，收获诸多合作机遇。

深度项目合作提升品牌价值

品牌传播的一个重要目的在于持续提升品牌价值。深圳巴士集团作为公交运营商，其品牌价值隐藏在运营管理经验之中，深度的项目合作有助于挖掘应用这些经验。

2019 年 1 月，深圳巴士集团受邀参加世界银行在美国华盛顿总部举办的第 16 届全球交通运输转型年会，分享在电动化及移动支付方面的优秀实践和成功经验。随后的 3 月份，世界银行副行长迪奥普（Makhtar Diop）一行到访深圳巴士集团，实地考察了纯电动大巴运营、充电、维保等情况，希望双方加深合作，将巴士集团电动化成功经验推广到世界银行服务的其他国家。双方后续的进一步合作，将助力宣传中国在新能源汽车领域的推广应用成果，树立深圳全球首个公交全面电动化城市的国际形象。

2019 年 1 月，深圳巴士集团受邀参加世界银行在美国华盛顿总部举办的第 16 届全球交通运输转型年会，分享在电动化及移动支付方面的优秀实践和成功经验。

深圳巴士集团出席第 16 届全球交通运输转型年会。

深圳巴士集团与世界银行合作的电动化研究报告。

> 深圳巴士集团作为转型中的公交企业，加强主动传播，发出自己的声音，讲出企业的故事，可以把握传播主动权，为企业创造有益的舆论环境。

与世界银行的友好关系促成了双方合作撰写相关领域研究报告。经过实地调研和多轮修订，目前该研究报告已完成主体内容撰写，即将面向全球发布。这份研究报告将会是全球第一份基于实际成功案例的电动化研究报告。

2019 年 10 月，深圳巴士集团受邀参加首届电动化欧洲峰会，其主办方为全球最大的电力企业法国电力集团（EDF）。借此机会，深圳巴士集团对法国电力集团进行了深度访问，双方签订战略合作协议，期待在充电优化等领域开展合作。

基于在巴士集团某场站开展的充电优化试点项目，双方对该案例进行深入总结，探索自动化充电优化系统的应用可能性和未来前景，为下一步合作打下良好基础。

通过研究报告项目及合作研究项目，合作伙伴对深圳巴士集团有了更深入的了解，企业运营实力得到传递，品牌价值得以挖掘，让优秀经验和企业口碑得到广泛和深度传播。

借助媒体参与主动传播

企业品牌国际传播是一个系统性工程，其中媒体传播必不可少，主动传递信息有利于消除一些外界对于企业的误解甚至偏见。深圳巴士集团作为转型中的公交企业，加强主动传播，发出自己的声音，讲出企业的故事，可以把握传播主动权，为企业创造有益的舆论环境。

深圳巴士集团与法国电力集团签订战略合作协议。

2017 年深圳巴士集团实现全面电动化之后，引发全球关注，全球各地的政府交通部门、国际同行、非政府组织均来到深圳访问交流，大量媒体联络希望能来深圳进行专题报道，如 CGTN、《中国日报》、《英国卫报》、德国电视台和广播协会、意大利广播电视公司、法国电视台、瑞士德语广播、西班牙电视台、日本 NHK 电视台、《新西兰人》等。为此，集团成立了国际部，采用专业队伍对接和管理涉外业务与国际传播，对媒体最为关注的话题进行分析和筛选，制定采访路线，对报道稿件发布进行把关，保证传播口径和效果。

2019 年第 63 届世界公共交通峰会开幕前夕，英国广播电视台（BBC）组织拍摄了《城市交通：未来的公共交通》纪录片，选取深圳、哥本哈根、米兰、巴黎、里昂、香港、新加坡、曼谷、布鲁塞尔、里约热内卢、新德里和伦敦等城市作为全球绿色交通代表。该纪录片从深圳巴士集团全面电动化项目切入，通过几位不同的叙述者视角，讲述了纯电动公交带来的几大好处，一是无污染、低噪声，车辆行驶稳定，大大改善居民出行环境，提升了乘坐体验；二是电动车驾驶操作更简单，大幅降低司机驾驶压力，提高了运营效率，并引出深圳巴士集团在定制巴士、无人驾驶等创新业务领域的布局与发展。据 BBC 统计，该纪录片全球观看量超千万，深圳巴士集团品牌曝光度急剧上升，深圳作为绿色之城的国际形象也通过该纪录片深入人心。

据 BBC 统计，该纪录片全球观看量超千万，深圳巴士集团品牌曝光度急剧上升，深圳作为绿色之城的国际形象也通过该纪录片深入人心。

该纪录片展播的“深圳巴士集团公交全面电动化项目”在第 63 届

深圳巴士集团 BBC 纪录片。

深圳巴士集团荣获第 63 届世界公共交通峰会“最高荣誉奖”。

该纪录片展播的“深圳巴士集团公交全面电动化项目”在第63届世界公共交通峰会上摘得大会评审团授予的“Outstanding Achievement Award”（最高荣誉奖）。

世界公共交通峰会上摘得大会评审团授予的“Outstanding Achievement Award”（最高荣誉奖），该奖项肯定了深圳巴士集团在推动全球电动化进程、改善城市环境方面所做出的特殊贡献。

作为全球新能源公交运营引领者，深圳巴士集团正凭借其国际化品牌发展战略，将深圳纯电动公交推广和应用成功经验推向全世界，为全球绿色低碳交通出行提供新的“深圳方案”，为全世界可持续发展贡献深圳力量和深圳智慧！

贵州茅台酒股份有限公司

“文化茅台·多彩贵州”走进“一带一路”

自2015年以来，贵州茅台酒股份有限公司（下称茅台）积极响应“一带一路”倡议，连续开展了一系列亮点纷呈、成效显著的海外品牌推介及文化传播活动，“文化茅台”的足迹遍布亚洲、美洲、欧洲、非洲、大洋洲的重要城市。2019年，茅台主要领导人率队，携贵州的茶叶、旅游、大数据和茅台酒，时间跨度33天，先后前往智利、阿根廷、秘鲁、坦桑尼亚、肯尼亚、埃塞俄比亚等6个国家，开展主题展览、品鉴体验、拜访驻外使领馆、会见国外政商界人士等近40场文化、经济主题系列交流活动。活动受到当地政、商、文化等各界人士的广泛关注，让广袤的南美洲、非洲大陆通过多彩贵州及茅台这个窗口，看到了今天中国企业强大的文化自信和发展实力。

历时33天，茅台先后前往智利、阿根廷、秘鲁等6个国家，开展近40场文化、经济主题系列交流活动。

全方位展示茅台形象

2019年4月至5月，茅台分别走进南美和东非，在智利圣地亚哥和坦桑尼亚达累斯萨拉姆举办两场500人规模的大型品牌推介活动。活动围绕多彩贵州和文化茅台两大核心板块，通过文化展览、产品展览、文化茅台推介视频、多彩贵州推介视频、VR（虚拟现实）视频及技术、沉浸式体验、鸡尾酒品鉴、贵茶品鉴、推介晚宴及融合当地特色的节目表演等，全方位展示多彩贵州和茅台风采。

除主推介活动外，代表团还来到阿根廷、秘鲁、肯尼亚和埃塞俄比亚开展了4场百人规模的茅台酒品鉴会。品鉴会邀请到中国驻所在国商务参赞、各国商务部长、体育及文化界名人等出席，并通过文化表演、展览、视频和茅台酒、茅台鸡尾酒品鉴晚宴的形式进行多彩贵州和文化茅台推介。

茅台代表团在6个国家开展了一系列公务拜访活动，先后拜访了中国驻智利、阿根廷、秘鲁、坦桑尼亚、肯尼亚、埃塞俄比亚大使馆并与大使会晤，了解当地社会、经济发展情况，并就茅台如何在当地市场耕耘听取具体建议。在南美，代表团与智利前总统、中科院智利天文大数据中心、圣地亚哥市市长、阿根廷电视台台长、全球葡萄酒巨头干露酒庄第七代掌门人、阿根廷共和国庄园庄主、阿根廷河床俱乐部河床队主席等名人政要及机构负责人开展广泛交流，扩大影响。在东非，茅台代表团与坦桑尼亚前总理、坦桑尼亚前副总统、坦桑尼亚桑给巴尔岛工农总商会、埃塞俄比亚前总统穆拉图等重要嘉宾举行商务会谈，与达累斯萨拉姆大学围绕人才交流和发展签署了人才交流备忘录，与坦桑尼亚企业联合会签署合作备忘录；与肯尼亚政府及第三方机构共同签署合作备忘录，以每销售一瓶茅台酒提取5美元形式捐赠肯尼亚政府用于野生动物的医疗救治。

茅台代表团还在智利召开茅台酒南美经销商代表座谈会，来自智利、巴拿马等国家的7名经销商代表出席会议；在坦桑尼亚召开茅台酒东非经销商座谈会，来自9个国家的10家企业代表出席会议。茅台高层与本地经销商面对面交流，了解、分析本土白酒市场销售发展趋势。

在“文化茅台·多彩贵州‘一带一路’行”走进智利大型品牌推介活动上，智利政商界精英云集，有500名本地及华人华侨嘉宾出席推介活动。

重量级嘉宾云集

在“文化茅台·多彩贵州‘一带一路’行”走进智利大型品牌推介活动上，智利政商界精英云集，有500名本地及华人华侨嘉宾出席推介活动。政界有智利国家前总统、智利农业部部长、圣地亚哥州州长、圣地亚哥市市长、圣地亚哥参议员；商界重要嘉宾有智利出口商协会主席、智利葡萄酒协会主席、伊拉苏家族掌门人等。众人共同见证智利历史上规模最大的中国品牌文化活动盛大启幕。推介活动同时吸引了驻智利中资企业积极参与，如建设银行驻智利分行、华为等。随后举办的阿根廷和秘鲁茅台品鉴会也邀请到诸多重量级嘉宾出席，如阿根廷广电总局局长兼国家电视台台长米格尔·佩雷拉、胡胡伊省工业商务部部长胡安卡洛斯·罗伯斯等阿根廷政要和名人，以及中国驻阿根廷经商参赞夏娣娅、中国中央电视台南美中心站长李伟林等。20世纪最伟大的100名足球运动员之一、齐达内的毕生偶像恩佐·弗朗西斯科利的到来也引起了关注。

茅台在爱沙尼亚举办“塔林鸡尾酒会”。

非洲坦桑尼亚推介活动暨晚宴邀请到高规格嘉宾超500人，包括坦桑尼亚前总理米增戈·平达先生等政要，以及坦桑尼亚达累斯萨拉姆市政府、坦桑尼亚文化部、旅游部、企业联合会等中外组织机构负责人。肯尼亚和埃塞俄比亚茅台酒品鉴会分别邀请到肯尼亚执政党朱比利党总书记拉斐尔·图朱、肯尼亚工贸合作部秘书长克里斯·科普图、肯尼亚咖啡协会主席威廉·葛缇等政要，中国驻非盟使团代表、各国驻非盟使团代表、埃塞中国商会、中国和平统一促进会，以及政界、商界、艺术界重量级嘉宾齐聚一堂，共同品鉴茅台美酒，感受多彩贵州魅力。

与会嘉宾给予了茅台品鉴活动极高评价，坦桑尼亚前总理平达先生表示，本次茅台的来访，以及“文化茅台·多彩贵州”文化品牌推介活动是坦中关系的有力凭证，也表明坦中关系在非中关系中发挥着重要作用。埃塞俄比亚前总统穆拉图先生评价，这是埃塞俄比亚近些年最成功的品牌活动，希望茅台能够长期植根于非洲，将有社会责任感、有担当的企业精神带到非洲，帮助非洲。中国驻外大使馆方面均表示，茅台到南非和东非做品牌、文化推广，是一件很有远见的事情。

埃塞俄比亚前总统穆拉图先生希望茅台能够长期植根于非洲，将有社会责任感、有担当的企业精神带到非洲，帮助非洲。

立体呈现多彩贵州形象

茅台诞生于贵州，是贵州省重要的支柱型企业，为贵州发展提供了

茅台亮相“一带一路”中欧龙舟友谊赛颁奖晚宴。

意大利国家警察局总司令官阿曼多·福吉为茅台签名。

茅台对酒、大数据、旅游、茶叶进行了更加丰富的文化挖掘和联动宣介，通过多彩贵州旅游推介视频、现场精美画册等形式与嘉宾互动体验。

强大动力。今天的茅台，在全球已拥有一定知名度，但贵州的大数据、旅游、茶叶文化仍在起步阶段，急需加大宣传力度，进行形式更多、更丰富的推广。贵州和茅台的发展是相互作用、彼此成就的。基于此，2019 年，茅台对酒、大数据、旅游、茶叶进行了更加丰富的文化挖掘和联动宣介，通过多彩贵州旅游推介视频、现场精美画册等形式与嘉宾互动体验。

在南美品鉴会现场，除“赏奇山秀水 品多彩文化”巨型展示墙外，都匀毛尖、遵义红、绿宝石、红宝石、石阡苔茶、湄潭翠芽等贵州名茶汇聚，与茅台产品阵营交相辉映。茅台在全球范围内的强大品牌影响力，为贵州丰富多彩的人文、地理资源及后劲巨大的经济前景提供了推广的桥梁。在东非品鉴会现场，从贵州大数据介绍、贵茶介绍、贵州自然风光精美照片墙、极具贵州民族风情的物件陈列、身着苗族百鸟衣及传统民族服饰的模特展示，到多彩贵州旅游推介视频、推介资料、现场精美画册、茶叶伴手礼，再到现场来宾的互动体验，茅台代表团将家乡贵州的多彩文化进行了全方面、多角度的推介和传播。代表团还设置了品茶品酒区，精选贵州多款茶叶供嘉宾品尝，并准备了成套的茶具和茶礼，配合工作人员的讲解为嘉宾介绍贵州茶叶的独特之处。展览中，相关多彩贵州设计、文案、展示文件超过 50 项，同步在各类媒体宣传中进行大力推广。作为农业和旅游快速发展的地区，东非国家的嘉宾对贵州茶叶加工、出口及旅游表现出极大兴趣，表示希望能获得更多经验分享，并达成更多旅游互通合作。

国内外媒体齐发力

在南美、东非进行品牌推介期间，为了更好地传播系列活动，茅台代表团在活动前期、中期、后期，组织了国内、国外主流媒体广泛关注及报道，受众覆盖政、商、文化、体育、媒体等不同圈层人群。相关话题传播力度强，话题覆盖率高，极大提升了茅台品牌在南美、东非的影响力。

在南美活动宣传期间，国外传播主要通过当地核心区域机场路牌高流量曝光、国外粉丝团热情接机、传统媒体集中造势等形式，在当地进行全方位、多角度覆盖。活动当天，茅台代表团邀请了包括《三点钟报》《信使报》及智利 13 电视台、新华社驻智利分社等在内的多家媒体出席推介活动。国内传播主要以主流媒体集中造势权威发声为主，通过腾讯新闻开机屏投放和活动 H5 预热，曝光次数达 70 万次，点击率近 50 万次，并在《中国青年报》《南方日报》及人民网等 200 余家媒体平台刊载整版形象广告、预热软文、活动通稿、深度报道等内容。

在东非活动宣传期间，茅台代表团前期在国内主流媒体、门户网站、各大社交媒体平台及坦桑尼亚主流报纸投放预热软文及形象广告，制作精美创意 H5 视频在微信朋友圈传播，总浏览量十万余次，广告曝光总计达 210 万人次，引发各圈层人士转发分享，其中覆盖 70% 的酒行业人群，反响热烈。此外，茅台代表团在达累斯萨拉姆机场及城市主干道核心位置投放 4 块大型户外路牌广告，在移动端 APP 进行开机屏广告投放。活动期间，保证时时有声音、天天有焦点、场场有亮点，提供综合活动多变、新鲜、实时的动态新闻，发布大量原创文章和图片，共计 700 余家国内媒体对活动进行宣传报道，在 80 家国内网站首页位置刊发，在新浪、搜狐、网易等门户网站进行了整版图文专题报道，累计曝光超千万；相关内容在微博平台累计传播 4468 条，收到网友回复 9682 条，论坛浏览超 10 万，相关信息累计曝光超 6000 万。

未来，茅台将继续响应国家政策号召，持续发力海外市场，认真研究当地人民消费观、消费行为、消费心理，从产品开发、宣传促销、渠道建设等不同层面开展茅台品牌推介活动，并以“文化茅台·多彩贵州‘一带一路’行”品牌推介活动为载体，不断深化海外市场建设与发展，助力中国企业海外品牌形象建设。

在南美、东非进行品牌推介期间，茅台代表团在活动前期、中期、后期，组织了国内、国外主流媒体广泛关注及报道，受众覆盖政、商、文化、体育、媒体等不同圈层人群。

图书在版编目（CIP）数据

命运与共：中国企业国际形象建设案例集：2020 / 国务院国资委新闻中心，中国外文局・中国报道杂志社，中国外文局文化传播中心编. -- 北京：新世界出版社，2021.8
（中国企业“走出去”故事库丛书）
ISBN 978-7-5104-7309-8

Ⅰ. ①命… Ⅱ. ①国… ②中… ③中… Ⅲ. ①国有企业–企业形象–建设–案例–汇编–中国 Ⅳ. ① F279.241

中国版本图书馆 CIP 数据核字 (2021) 第 120178 号

命运与共：中国企业国际形象建设案例集（2020）

主　　编：杨景百　陈　实
编 委 会：杨景百　张义豪　闫　永　马喆明
　　　　　陈　实　赵　珺　尹　杰　张金庭
统　　筹：李　瑛　郝　文　黄传斌
责任编辑：贾瑞娜
特约编辑：张春侠　张利娟　王　翔　刘　莉　王子晗　王若婷　牛艺霖
责任校对：宣　慧
图片编辑：刘　嵘
美术编辑：蔡洙山
出版发行：新世界出版社
社　　址：北京西城区百万庄大街 24 号（100037）
联系电话：（010）8833 2357　（010）6899 6108（传真）
印　　刷：北京华邦印刷有限公司
开　　本：787mm × 1092mm 1/16
字　　数：250 千字　印　张：16.5
版　　次：2021 年 8 月第 1 版　2021 年 8 月第 1 次印刷
书　　号：ISBN 978-7-5104-7309-8
定　　价：68.00 元